# Quality of Love

A simple reason to be loved

# クオリティ オブ ラブ

愛されるシンプルな理由

ドミニック・ローホー

赤松梨恵=訳

講談社

Cover illustration
Sandra Cabezuelo Bertozzi

Book design
albireo

# はじめに

祖国フランスの女性誌が、チャットを使って私が読者からの質問に答えるコーナーを作ったことがあります。

そのときのテーマは「シンプルライフ」だったのですが、さまざまな年齢の方から恋愛の悩みについての相談がよせられ、その数は全体の3分の1にのぼりました。そのとき、いつか男と女についての本を書かなければいけない、愛する読者の悩みをヘルプしてあげたい、そう思ったのです。

ただ、はじめに、答えは一つではないということをお伝えしておきます。男女の問題は年齢によって変わります。将来にどのようなイメージを持っているかでも異なってきます。

ラブはダイヤモンドのようなものです。素晴らしいカットを施されれば美しい輝きを放つでしょう。パートナーと幸せを築くために必要なこととはなにかを知り、自分にあてはめていくといいのです。

本書は、日本の女性のみなさんに向けてはじめて綴った本です。私は、20代のころ日本の精神文化に魅せられ、この国に移り住み、気がつけば30年以上がすぎていました。少し恥ずかしいですが、これは、若いころ、日本人の恋人と交わした会話です。

「貴方、私のこと愛している?」
「……、年をとって縁側でお茶でも飲みながら答えるよ」
「それなんのこと?」
「だから年とったら答えるってことだよ」

日本男児の流儀なのか、なんとまわりくどい表現なのでしょう。

私は日本にベースをおきながら、諸外国(おもに欧米)を行き来する生活を長く続けています。そして、あるときわかりました。日本に帰国すると、「日本仕様に男女関係をリセットしている」自分がいることに。日本人の男性とはそういうものなのだからと。

彼らについて、日本の女性が気づきづらい面をお伝えするのは、私の役目なのかもしれません。欧米の男女関係との比較も役に立つでしょう。普遍的な性差もお知らせしたいと思います。これは男女の性差を生む脳科学や性ホルモンの違いなどのことで、専門的な興味深い話ですが、私なりの解釈であることをお断りしておきます。

私は、とても愛情深い両親に育てられました。父親は温厚な人で、誰に対してもイライラした様子を見せたことがありません。そして、母は自立した女性で、エレガントに生きるということがどういうことか、今でも母に教えられることが少なくありません。二人から与えられた影響もこの本には生きています。

なぜ、日本を愛してやまない私が、日本人のみなさんに向けてこのような図々しい本を書くに至ったのか……、お読みいただければご理解いただけると思います。

相手を理解することはなによりも大事です。そして、おたがいが高めあえる関係になれればと願い、理想のジェントルマン像とはどういうものかを描いてみました。とともに、女性のみなさんにお伝えしたいのは、自分を磨けば、相手も輝くということです。それは、すべての男性のなかにひそんでいるジェントルマンの要素を見いだし、さらに光らせることができるということです。

最後に、私はこれまで、著書をとおし、シンプルな生き方が人生を豊かにするという考えをお伝えしてきました。それは男女関係にもあてはまるのではないでしょうか。パートナーだけでなく、接するすべての人に対し、なにを大事に考えるかを本書からくみとっていただければ幸いです。

クオリティ
オブ
ラブ

愛されるシンプルな理由

もくじ

## 第2章 貴女へのラブレター

## 第3章 人としてのクオリティ

## 第4章 ジェントルマンの見つけ方

## 第5章 エレガントに生きる

第6章 素敵な男性とは

## 第7章 シンプルな約束

# Quality
# of
# Love

A simple reason
to be loved

# 第I章

# 男と女の会話

# 1 男に孤独が必要なとき

誰が私を愛しているか。女性にとっては人生でもっとも重要なこと。しかし、それがすべての不幸の始まり。

女性は男性のために生きるが、男性は自分のために生きる。

――フランソワーズ・デュムラン・テシエ（カナダの作家）

科学は、男性の脳には〝近づくこと〟と〝離れること〟のリズムが必要なことを証明しました。パートナーである女性と近づきすぎても離れすぎても、男性にとってはストレスとなります。

とくに仕事のあと、男たちは休息のために〝静けさ〟を求めます。帰宅後、妻とこんなかみあわない会話をすることがあるかもしれません。

「ねぇ聞いて、今日こんなことがあったのよ……」

「………」

「ちょっと聞いてる?」

「う〜ん……」

休息を求めている男性の脳は、話しかけられると強いストレスを感じます。そんなときは、コミュニケーションを遮断し、休息する手段としてテレビのチャンネルを意味なく替えるという行動をとったりします。ひんぱんにチャンネルを替えるのは、同じ番組を数十秒以上見ると、休んでいる脳を起こさなければならないからです。

また、悩みごとがあるときも一人になりたいと思っています。

女性はそんなとき、沈んだ様子を見て心配になっていろいろ話しかけますが、よけい不機嫌になってしまったということがないでしょうか?

男性は女性と違って、会話しながら自分の考えをまとめたり、気持ちを発散したりすることが苦手なのです。しばらくそっとしておいてもらい、自分なりに決着をつけるまでの時間を必要としているのでしょう。

男性の脳は、遠くに引っ張るほど強い力でもとに戻るゴムバンドのようなものです。だから、心配しなくても大丈夫。彼は、「ときどき僕を一人にさせてほしい。でも必ず貴女のもとに戻ってくるから」と思っているはずです。

# 2 私の目を見て

友よ、見ることを学びなさい。開いたザクロ、バラのようなレモン、人間の瞳の奥の深い湖のような素晴らしい詩を見なさい。すべては奇跡です。

――テオフィル・ブリアン（フランスの詩人）

男性はドロドロした会話が苦手なようです。もつれた感情を修復するといったことに時間を費やすのは、エネルギーの無駄使いだと思っているのでしょう。そこで、その場から逃げ出したり、殻に閉じこもったりして自分を守ろうとします。

一方、表現力や言葉の操作能力が男性の6～7倍もあると言われる女性は、自分の話を聞いてくれないことにストレスを募らせます。理屈っぽい男性と、思ったことをすぐ口にする女性、本来、男と女の思考回路はかみあうことがないのです。

「目は口ほどにものを言う」と言いますが、相手の目を5秒以上じっと見つめれば、瞳孔の動きで気持ちを読みとることができます。好意を持っている相手を見つめるときは瞳孔が広がります。

彼に伝えてはいかがでしょう。「私とわかりあいたいなら目線を合わせて」と。「あなたが私の目を見て相槌を打ってくれれば、『話をちゃんと聞いている』と伝わるから」そして、「『そうか』とか『どうしてなの』と言ってくれるだけで、あなたは私の味方なのだと安心することができるのよ」と。

女性は、率直で誠実な目の男性を好みます。その相手の瞳の奥に自分が映っていれば「愛されている」と感じます。女性にとってそれは生きるエネルギーになります。

夫婦の場合も会話の基本ルールは同じですが、私は、「おい」や「お前」という妻の呼び方や亭主関白ぶった態度には、日本にきて何十年たった今も違和感を覚えます。どんな相手にも同じように接することができる男性こそジェントルマンではないかと思います。そうした姿勢はきっと子どもの世代にも伝わっていくことでしょう。

# 3 甘えられない男たち

欲望は人間の本質。欲望は人間に欠かせないもの。
――バルーフ・デ・スピノザ（オランダの哲学者）

女性は自分の感情を表現するのが大好きですが、日本の男性は人前で感情をあまり表しません。

日本の男性は子どものころから感情を抑えて冷静に振る舞うように教育されてきました。でもそれは人間としてとても不自然なことのように感じます。感情の表現が少し苦手なだけで、男性も女性と同じだけの豊かな感情を持っているはずですから。

しかも、日本の男性は、とくに愛する人の前では弱さをさらけだしたくないようです。すべて理屈で解決しようとせず、心のままに行動するときがあってもいいのではないかと女性が思っても、男としてのプライドや常識が許さず、自分を追いつめてしまいます。

悲しいときには優しく慰めてもらいたい、自信を失ったときは黙って抱きしめてもらいたいという気持ちを、ストレートに女性に伝えてもらいたいものです。

# 4

# デリカシーは才能

本当のことは必要なときしか言うべきでない。

――聖トマス・アクウィナス（神学者）

日本の男性は、女性に対してデリカシーを持って接するというのがどういうことか、誰にも教えてもらったことがないのかもしれません。デリカシーとは、自分の経験と想像力を駆使して、相手の心情に寄り添うことです。

たとえば、相手の心を傷つけないように優しく真実を伝えること……。

ほとんどの女性は、体型にコンプレックスを持っています。女性が、「この洋服、太って見えるかしら?」と尋ねたとき、パートナーに求めているベストアンサーは、「あまり目立たないよ。そのままで十分魅力的だよ」ではないでしょうか。

女性が体型やファッションのことを話題にするときは、的確なアドバイスを求めているのではないのです。悪気がなくても素直な感想は気分を損ね、ストレス太りを招きかねません。

同様に、「今夜もカレー?」では、「じゃあ、貴方が作れば」となります。「今夜は誰にも真似できない貴女特製のシチューが食べたい」などと言ってくれたらよいのに。ほめ言葉で返されれば女性は気分が上がるだけでなく、本気で痩せようとか、もっと料理のレパートリーを広げようと思うではないですか。

相手のプライドを守るために、そっと見守ることがデリカシーになるケースもあります。言葉ではなく相手の様子から察しをつけてほしいもの。

女性が仕事から帰ってきてイライラしているのを見て、「なんでそんなにイラついているんだよ」と言ったり、逆にパソコンを触っているふりをして事なかれ主義を決め込んだりするパートナーに、彼女がキレるのは時間の問題です。

望めることならば、落ち着きをとり戻すまで見守り、話し始めたら意見など言わず受け止めてくれる人。そしてありあわせの冷凍ピザとテキーラを用意して、「ミスタービーン」のDVDでも見ながら、二人で思い切り笑えば、すべてクリアです。

# 5 女はその言葉で傷つく

リンリはとても変わった男だった。親切で魅力的な男だった。彼の言葉や行動は私を一度も傷つけたことがなかった。

――アメリー・ノートン（ベルギーの作家）

明るくて生命力にあふれた女性は素敵です。男性は、ありのままの彼女を丸ごと受け止めたいと思っているでしょう。ですが、彼女が明らかに美の追求に怠慢になると、なぜか裏切られたような気持ちになります。

それでも、「あれ、太った?」「シミやシワが目立ってきたね」「今、何歳?」などとあからさまに言えば、女性はとても傷つきます。そうでなくても女性にとって、外見や年齢を指摘されることほど不愉快な話はないのですから。

シワは「柔らかさが増して深みのある人間になってきた証拠」、シミは「家族のために頑張ってきた勲章」と、ポジティブに表現できるかどうかも男性への評価の分かれ目になります。

でも、実は女性も要注意です。男は顔じゃないという日本社会では、男性は、女性より見た目の批判にさらされていないぶん、なにか言われればかなり傷つきます。女性の表現力豊かな批判は、十分相手を打ちのめします。韓流のお気に入りの俳優と比べては気の毒ですよ。

# 6 男の本能との闘い

力より我慢はずっとパワフルだ。

――プルタルコス（古代ギリシャの伝記作家）

ギリシャの政治家を比較した『英雄伝』の著者プルタルコスは、「力より我慢はずっとパワフルだ」と言いました。女性のほうが、この言葉の重みを知っていると思うのは私だけでしょうか。

女性は忍耐力がなければやっていけません。すぐに放り出したり、我慢できなかったりしたら、家事や育児はこなせません。

泣く子をあやしながらの掃除、洗濯、ママ友との連絡、子どもを前と後ろに乗せて自転車で買い物に走り、料理から風呂掃除までやってのけ、共働きならばこれに仕事が加わり、年中無休で就寝時以外は休む暇もありません。

会社での仕事の役割を見ても、細かい作業や流れ作業を長時間集中して行っているのは忍耐力のある女性です。腕力こそありませんが、女性は男性よりずっとパワフルです。

一方、男性はどういう特性を持っているでしょう。テストステロン（男性ホルモン）の分泌量を調べたところ、女性の20〜40倍もあったそうです。テストステロンとは、簡単に言えば闘争と攻撃とセックスのホルモンです。どうりで男性は、スリルを味わうスピードレースや戦いのゲーム、格闘技などが大好きなわけです。

しかし、いくらホルモンの影響とはいえ、腹が立ったからといって怒鳴り散らしたり八つ当たりしたりするのを仕方ないとは言えません。本能をコントロールできるのが大人です。それが理性的ということではないでしょうか。理性的な男性は安定感があり、誰からも尊敬されます。

どのようなときも落ち着いた声でゆっくりと話す男性を女性が好むのは、その人が自分をコントロールできる理性の持ち主だとわかるからです。そして、優しい笑顔とデリケートさがプラスされれば申し分なく、そこまでいかずとも、時間をかけて相手の話をよく聞き、ていねいに答えてくれるとしたら、女性はどれほど大きな喜びを感じることか。女性が、忍耐強い男性をパワフルだと思っているということを、男性は案外知りません。

# 7 仲のよい老夫婦の秘訣

人間が感謝する方法を知らないのは、心が眠っているから。見ること、感じること、聞くことを学んだことがないから。彼らの心理的な五感は麻痺しているのだ。

——オムラム・ミカエル・アイバンホフ（マケドニアの哲学者）

「手伝ってくれてありがとう」「迎えにきてくれてありがとう」

言ったほうも言われたほうも、心が温かくなる「ありがとう」とは、魔法のような言葉です。

夫が、大きな重い荷物を持ってくれたときやあと片づけを手伝ってくれたときに、妻が当然のような態度でお礼の言葉もなかったら、彼はがっかりするでしょう。

男と女はおたがいの足りない面を補いあって生きています。それぞれの役割を当然と思わず感謝の気持ちを表しましょう。

いくら心のなかでいつもありがたいと思っていてもなにも伝わりません。言葉にして笑顔で相手に言ってみてはいかがでしょう。「ありがとう」と。感謝できるようになると、世界が大きく広がっていきます。

ジェントルマンなら、照れずに感謝の言葉を言い続けることが、夫婦円満の大きな秘訣だと知っています。先に感謝の気持ちを伝えたほうが、もっと大きな気持ちになれます。出会ったころと変わらない気持ちで手をつなぎ、「ありがとう」と言いあえる微笑ましい老夫婦になれたら最高です。

# 8 あやまらない男、追いつめる女

「ごめんなさい」と最初に言うのがもっとも難しい。
——フィル・ボスマンス（ベルギーの作家）

カップルのすべての問題は、ストレスホルモン（コルチゾール）の分泌を増やします。その結果、血圧や心拍数が上昇して、さまざまな心身の病気や依存症（アルコールや薬物）のきっかけとなるでしょう。

男性の脳は女性とのトラブルでストレスを感じたとき、現実から逃避しようといろいろな方法を探します。もっとも簡単な方法は、物理的にその女性と距離を置くことですが、最善の方法は間を置かずにあやまることです。

男性はプライドが邪魔して先にあやまるというのが容易ではないようです。男女の関係は競争ではなく、あやまった側の負けではないとわかってくれるといいのですが。

一方、女性も、男性に対し完璧を求めすぎると関係が悪化します。カップルの平和のためにも〝小さなあやまち〟は大目に見てあげましょう。

男性も自分が悪いときは内心あやまりたいと思っています。しかし、意地っ張りで本能的に負けるのが嫌いな男性は、女性が追いつめるとますます態度を硬化させます。そんなときは女性のほうも感情的にならず、自分の傷ついた心や悲しい気持ちを正直に伝え、男性の胸が痛むように仕向けて背中を押してあげてください。

先にあやまることのできる人が大人だと言えるでしょう。どんな場合にも、相手を傷つけたほうが先にあやまると考えればわかりやすくありませんか。反省の色もなく開き直れば、どれほど相手が傷つくことか。大人なら素直な態度で許しを請いましょう。

「ごめんなさい」

間違えたときに先にそう言えるような男性こそ、真のジェントルマンです。

# 9 女脳・男脳

会話を止めるのは不和のもと。

――（ギリシャのことわざ）

男女間のコミュニケーションが難しいのは、脳の違いが原因だと言われます。

私たちの脳はいろいろな化学物質を生産しています。なかでも感情に影響を与えるのが、二つの物質セロトニンとオキシトシンです。これらは脳の視床下部（自律神経の中枢）に強い刺激を与えます。セロトニンは気持ちを落ち着かせるホルモン、オキシトシンはコミュニケーションのホルモンと呼ばれています。

男性は女性よりこれらのホルモンが少ないために、コミュニケーションが苦手で攻撃的になりがちです。双方向性のコミュニケーションよりテレビのような一方向性のものを好み、白黒ハッキリさせ上下関係で優位に立ちたいと考えます。女性は逆で、コミュニケーションを重視して他人との触れあいを好み、円満な関係を築こうとします。

男女間の脳の違いについては、もう一つの説があります。

人間の脳には、左脳（言語や計算能力）と右脳（空間認識力や図形処理能力）の連絡係である脳梁（神経の束）という部分があるのですが、一般的に女性の脳梁のほうが大きくて神経の数も多いと言われています。そのため、左右の脳が活発に交流し、ものごとをマルチに捉えることができるのだそうです。一方、男性の脳は右脳が発達しており、脳梁が小さめで集中力や特殊能力が高いそうです。

男性は左脳で言葉を作り、女性は左右の脳をフルに使って男性の6〜7倍の言葉を操ります。女性の半分以下の言葉しか使わない男性が、会話を苦手とするというのも納得できます。つまり、女性にとって毎日の会話は欠かせないものなのです。パートナーに少しだけでも聞き上手になってもらえたら、女性はそれだけでとてもうれしいのだと脳の違いについて説明してみるのもいいかもしれません。

# 10 頭で整理して、心で聞く

おしゃべりな人間ほど、話の内容はつまらないものだ。
——ジャック・マイヨ（フランスの放送局ディレクター）

日本人は、欧米人から見ると不思議なくらい自分の意見を主張することがありません。

とくに男性は、個人的な見解を求めると、しどろもどろになる方が少なくありません。どんな突拍子もない幼稚な意見でも「言ったもの勝ち」の欧米とはずいぶん違います。相手とぶつかる勇気がないのか、自分に自信がないのか、なにも考えていないのか、ととられても仕方ないと思うときがあります。

日本の社会では目立たないことが美徳とされ、意見を言うと〝生意気〟と見られ、変わったことを言うと〝変わり者〟と噂される、これでは怖くてなにも言えません。

しかし、一緒に暮らす男女ともなれば、しどろもどろで終わらせるわけにもいかないことが多いでしょう。おたがいを理解すれば、妥協点を探せるはず。パートナーと真っ向から言い分が対立しても、喧嘩になっても、納得いくまで意見交換することが重要ではないでしょうか。自分の本当の気持ちを伝えることが、おたがいを理解する深いコミュニケーションとなるのです。

二人のルールをどちらかが逸脱したときには、相手とぶつかることをおそれてはいけません。ストレスが最高潮に達するおもしろくない話しあいになっても、二人の絆が試される機会と捉えてほしいものです。

〝頭〟を使って自分の意見を整理して、〝心〟を使って相手の意見を聞き入れましょう。

# 11 心を満たす会話

よく聞くということは、答えることと同じようなものです。
——ピエール・ド・マリヴォー（フランスの劇作家・作家）

絆が大事と言いますが、日常のコミュニケーションがなくてどうして絆が深まるでしょう。

男同士の会話と言えば、スポーツや趣味の話題にしても、基本的に長々と話すことはないようです。

女性同士では、世間話や身の上話に始まり、美味しいレストランやペットの話と尽きることがありません。思いついたことをとめどなくしゃべりますから、話がつながらない、突然話が飛ぶ、相手が話し終わらないうちに自分の話を始めるなどということは序の口、話の着地点がないままどんどん広がり、「で、結局なんの話？」となることも。女性は話すこと自体が楽しく、かつストレス解消の手段なのです。

男性がそれを理解しがたいのもわかります。仕事から疲れて帰ってきたとたん妻が、近所の噂話や子どもの学校のこと、妻の一日の出来事などを延々と話し出したら、男の脳は耐えがたくなり、逃避行動に出るでしょう。

ちなみに、妻は立派なアドバイスを求めているのではありません。ただ話を聞いてほしいだけなのです。「そんなことがあったんだ。それからどうしたの。よく頑張ったじゃないか、えらいよ」と言ってくれればいいのです。そうすれば妻の心は満たされ、自分は「認められている」と実感して、相手にいっそうの信頼を寄せるようになります。

# 12

# 頭を冷やして

礼儀正しさとは、相手に一緒にいることを印象づける態度。
——ミュリエル・バールベリ（フランスの作家）

「（紺と黒のボーダー柄を指して）どっちがいい？」

こんな質問を女性がするときは、すでに自分のなかで「答え」が出ています。それを誰かにあと押ししてもらいたくて聞いているのです。だから違う答えが返ってきても、結局は自分の意思を通します。真剣に悩んだ男性は「じゃ、なんで聞く？」とムッとするかもしれません。

もし、洋服のような次元の話でなく、男性にとって答えるのがつらい質問をしたときに、男性から「少し考える時間が必要なので待ってほしい」と言われたら、それに従うのもよいでしょう。

私たち女性が怒っているときというのは、男性に罪の意識を感じさせたいと思っているので、攻撃的で答えに困るような質問を連発します。そのうえ相手が自分の思ったとおりの答えを返さなかったら、なんとかその言葉を引き出そうとますますヒートアップします。

「なぜ答えられないの」「あのときこう言ったじゃない」「なんとか言ってみなさいよ」などと相手を追いつめては、事態が悪化するばかりです。

時間を稼ぎおたがい頭を冷やすしかありません。

# 13

# 男は命令されるのが好き

躬《み》自ら厚くして、薄く人を責むれば、則ち怨みに遠ざかる。
（自分に厳しく、人には寛大なら、誰からも恨まれることはない。）
——孔子（中国の思想家）

不思議とパラドックスなことがあります。女性が男性に一言「窓を閉めて」と言ったら、男性はすぐに閉めるのに、「とても寒いわ。お願いだから窓を閉めてもらえませんか」と言うと男性はなかなか窓を閉めようとしません。なぜでしょうか。……それは、男性の脳には、単刀直入に命令されたことをすんなりと受け入れる傾向があるからだと言います。

女性が、お願いごとをするときに感情を込めると、男性の脳は女性に振り回されていると感じます。振り回されるのはシャクにさわるから、たやすく聞き入れません。

一方、女性が男性の言い方で腹立たしく感じるのは、「夜帰る」や「あとで電話する」などというもの。こんないい加減な言い方は、女性にとって困りものです。

誰でも、忙しい時間をやりくりしながら一日をすごしています。晩御飯の支度一つとっても食材の買い出しからあと片づけまでの一連の作業があり、子どもの送り迎えや美容院の予約などの時間を逆算しながらスケジュールを決めています。相手を気遣うなら「8時ごろに帰って、晩御飯は家で食べるから」などと、できるだけ正確に伝えてほしいとリクエストしましょう。

ところで、男性があいまいな表現をするもう一つのパターンは、嘘をつくときです。わざと抽象的な言葉を使って言い訳したり、はっきり言わなかったりするので、すぐ女性に見抜かれてしまいます。女性には五感のほかに〝女のカン〟も備わっているのです。男の「躬《み》自ら厚くして（自分に厳しく）」ないごまかしや、隠しごとを見抜くのは、女性の持って生まれた才能かもしれません。

# 14

# ホステスか妻か

成功、それは失敗から失敗までを熱意を持ってやったということ。
——ウィンストン・チャーチル（イギリスの政治家）

生きていくうえで問題や悩みは尽きないものですが、昨今の悩みの多くは人間関係から生じるものが多いと言えます。本質的にコミュニケーションが苦手な男性は、職場での苦労も多いのではないでしょうか。厳しい上司、やる気のない同僚、なにを考えているかわからない部下たちと、一日中コミュニケーションをとり続け疲労困憊、ストレス満載という状況かもしれません。

日本の男性たちはそのストレスを家庭ではなく外で、多くは飲み屋で発散します。疲れている自分をさらけだし、お店で愚痴をこぼし慰めてもらおうというのでしょう。私の国には、女性が接待する飲み屋というシステムはありませんので、最初は驚きました。

自分の家族（とくに妻）に弱っている姿を見せたくないというプライドと、自分のストレスを家族にぶつけたくないという気遣いはわかりますが、それは間違っているように思います。もっとも身近で最大の理解者、疲れを癒しストレスから救ってくれるのは、「健やかなるときも、病めるときも……」と誓った妻のはず。どのようなときにも、夫の苦労を一緒に背負ってくれる妻をベストパートナーとして扱うことが、妻への最低限の礼儀ではないでしょうか。悩みを分けあい乗りこえていくことで、二人の結びつきはより強くなります。

# 15

## 男の根底に巣くっているもの

仕事はお金のため、結婚は愛のため。

――（ジャマイカのことわざ）

女性は頭では、男性にとって仕事がいかに重要なものかをわかっていても、男性の気持ちが仕事に向かうと、孤独を感じてしまいます。

急な残業や予期せぬ休日出勤はひんぱんに起こります。よけいな心配をさせないために、自分の立場を理解してもらうために、男性がうまく説明できるといいのですが、自分がなにも言わなくても彼女はわかってくれていると思っているようです。

しかし、黙っていては女性に男にとっての仕事の重要性は理解できません。

しかも、本当に男性が伝えるべきことは、会社の事情といった外の話でなく、内面の事情、「男は根底に無力感を持っている」ということです。つまり男性は、妊娠に関われても出産できない性なので、生命誕生のもっとも重要な瞬間は女性まかせとなり、漠然と不安で自信がないという自分が心のなかに住みついてしまっていると言えます。それこそ男性の無力感の根源なのです。

そのため、男性はどこかで自分の価値を生み出さなければならなくなりました。それが仕事なのです。〝個〟より仕事面でのキャリアや成功を重視しますから、会社や事業で大きな失敗をした場合、自分は価値のない人間だと感じ、女性が想像できないような絶望感に打ちのめされてしまいます。ひどい場合は、うつ病というかたちで表面化するほど男性にとって仕事は拠りどころなのです。そのことを、パートナーとして女性は理解したいものです。

# 16

# 自立した関係

独立は、ご褒美ではなく責任です。

――ピエール・ブルゴー（カナダのジャーナリスト）

カップルが幸福になる早道はなんだと思いますか。それは、二人が精神的な自立を果たすことです。それぞれの世界を持ち、適度な距離を置くことがよい関係を長く続ける秘訣です。

基本的に男性はジェラシーが強いものです。

「結婚後は家庭に入り自分を支えてほしい」とか、「彼女を自分の色に染めたい」と言う男性は、とても愛情深い反面、相手に対して自分にとって都合のいい存在であってほしいと思っているようです。

最初はそれでもいいかもしれませんが、時間がたつと女性もいろいろな人たちと交流したくなります（不純な交際ではないですよ）。

女性は人間関係を重視するので、いつの間にか夫の知らない友人がたくさんできて世界が広がっていきます。それを邪魔する気持ちは夫にはないのでしょうが、出掛けにかける一言で女性は一気に憂鬱になります。

「誰と出かけるの？」「どこへ行くの？」

これほど女性がプレッシャーを感じる不愉快な言葉はないかもしれません。ある日は、女友達と思う存分おしゃべりを楽しむだけ、またある日は、ボランティアの集まりだったりするというのに。パートナーが自分の世界を作り始めているということは、男性にとっても歓迎すべきことなのだとわかってもらいたいものです。

とともに、男性は男性で、自分の没頭できる〝なにか〟を見つけるいい機会と捉えてもらえれば、自立した関係に近づくでしょうし、女性も精神的に自由になり本当の意味でリラックスできるでしょう。

# 17

# 暴力と愛情

言葉の暴力は、女性に対する暴力の第一ステップです。
――イザベル・アロンソ（フランスの作家）

アメリカは、先進国のなかでも突出してDVの発生件数と離婚率の高い国です。また、世界でもっとも感情的な国とも言われています。男女共に感情表現がオーバーで、しょっちゅう涙を流しながら愛情の話をしています。

もともと感情表現の苦手な男性が、感情を過剰に表すことがマストになってしまったために、男の脳のストレスが高まってしまいDVの発生件数や離婚率が高くなっているのだと言われています。というのも、男の脳は感情が高ぶると攻撃的になるという特性があるからです。

アメリカと事情は異なりますが、日本でもDVが近年問題になっています。もし、男性が自分で暴力（言葉、肉体）を抑制できないなら、残された道は一つです。それはセラピーを受けること。「セラピーを受けたい」ということは、本当にパートナーを愛している、本気で自分を治したいと考えている証拠です。

この治療を受けている男性はまだ少ないのですが、日増しにストレスが増す社会のなかで、男性が本気で暴力行為をやめたいと願うのなら、解決策はそれしかないでしょう。本人が自分に問題があることを自覚しなければ、これは永遠に克服できないものなのです。

# 18 ショートメッセージ

行動のデリカシーは心の表れです。

――（アフリカのことわざ）

女性にとって、電話が鳴らないことほど切ないものはありません。

男性は不思議がります。「なぜ女性はそんなに電話をほしがるのか」と。

それは愛されている証拠がほしいから、愛されている自信がないから。

女性は一日中愛を語りあいたい、夜は優しく腕枕をしてもらいたい、外にいるときも私のことを考えて何度も電話をかけてほしい……と思っています。

そのすべてを叶えるのは無理ですが、寂しがっている、不安がっている女性にとって一本の電話はなによりの喜びと言えるでしょう。

また、結婚したり一緒に暮らしたりしているなら、とても小さな習慣ですが、帰るときに一言でも連絡を入れてくれる人がいいでしょう。その間わずか数十秒ですが、そのひと手間が二人を繋ぎ止めたり離したりするのです。

もし、新しく恋人ができたときは、デートのあとにショートメッセージでいいですから「一緒にすごせて楽しかった」とメールを送りましょう。平安時代の恋文のように、ロマンティックな余韻を残すために……。

# 19

# 聡明な妥協

男と女はおたがいにわかりあえないでしょう。おたがい別のことを望んでいるから。男は女を、女は男を。

――カリンティ・フリジェシュ（ハンガリーの作家）

愛しあうということは、おたがいがおたがいの第一のファンになり理解者になるということです。

この世に誰一人として自分と同じ人間はいません。家庭環境、育った地域、受けた教育、趣味、好み、すべてが違います。血のつながった親兄弟でも違うのですから、他人同士、それも男と女では相容れることなどないと思ったほうがよいでしょう。

二人以上の人間が集まれば、意見が異なるのは当然のことです。それを忘れて「相手が間違っている」という自分本位の意識を持ち始めると、争いごとになります。

ときどき対立することがあっても、大きな部分で間違いがなければ相手の言い分を認めましょう。今日は貴女が譲りましょう、明日はきっとパートナーが歩み寄ってくれるでしょう。

自分本位は不幸の種を蒔いているようなものです。まずは相手の気持ちや考え方をじっくり聞いてそれを理解する、そして自分の意見をしっかり話し相手に理解してもらうのです。どちらかが相手に従うのではなく、二人で妥協点を見いだしていくことが絆を育てます。

誰でも、自分の思いを認めてもらうのは気分のよいものですね。そう、相手も同じ思いであることに気づいてください。その気づきが幸せへの第一歩になるでしょう。

パートナーとの幸福は、二人が一生かけて作り上げるもっとも素晴らしい芸術なのです。

# 第2章

# 貴女へのラブレター

# 20

## 最高のプレゼント

私のなかのすべての考えは、行動することで解放しなくてはならない。

――カリル・ギブラン（レバノンの詩人）

昔、私の恋人はとても素敵な小さな手鏡を贈ってくれました。「貴女が自分の美しさを忘れないために」という言葉とともに。私にとってその一言は最高のプレゼントでした。

とても寒い日に彼は、一人で帽子を買いに出かけました。そのときに私にもおそろいの帽子を買ってくれていました。自分の帽子を買いながら私のことを想ってくれていたのです。

特別な日でもないのに贈られるプレゼントは、それだけでサプライズです。いつも言えない「ありがとう」の代わりに、貴女が彼に、また彼から貴女に、会話の苦手な人が多い日本の男性とパートナーが関係を深めるのに、役立つでしょう。

現代の結婚の価値は長さより深さ、一緒にすごした楽しさの密度です。女性たちは理解したほうがいいでしょう。男性にとって〝恋愛〟という時期は3年以上続かないことを。また、男性も理解してほしいと思います。女性はみなそれで苦しんでいることを。

しかし、こうした男女の違いを脳が生み出すとしても、それは乗りこえられないことではありません。人生で、さまざまな男性と私たち女性は出会います。そのなかで、男性自身も気づいていないジェントルマンのハートを女性が見いだすことができます。貴女も彼も愛という情熱をきっかけに、おたがいのよい部分を磨き、より質の高い慈しみあえる人生に向かって進んでいくことができるよう、この章では男性が女性に対してどのような気持ちを抱くのか、お伝えしていきたいと思います。

# 21 シンデレラストーリー

男らしさは筋肉ではなくスピリットです
――タハール・ベン・ジェルーン（モロッコの詩人）

『プリティ・ウーマン』という映画をご存じですか。リチャード・ギア演じる大実業家と、街角に立つ無邪気なコールガール（ジュリア・ロバーツ）が、1週間のアシスタント契約を結ぶことから物語は始まります。彼のアドバイスで彼女は瞬く間にエレガントな女性に変わっていき、次第に二人は惹かれあうようになります。

しかし、幸せな気持ちとは裏腹に、彼女の心にある思いが影を落とします。住む世界が違いすぎると感じるようになった彼女は、彼のために別れを決意しました。でも、彼女のおかげで真実の愛に目覚めた彼が迎えにきてハッピーエンド、という現代版シンデレラストーリーです。

一般的に男性は、『プリティ・ウーマン』の主人公のような不幸を背負った無邪気な女性を好みます。こういう女性は多くを望まないので、男性も分不相応に背伸びせずにすみます。また、男性には苦労している女性の力になりたいという願望のようなものがあり、不幸な女性を救うという筋書きは、男性にとって一種の媚薬なのです。

一方、女性も、自分を助けてくれる相手がスーパーマンに見えて、簡単に恋に落ちます。そして、男性にほめられたり守られたりする安心感によって、自分を肯定的に捉えられるようになり、いっそう女性らしくなります。

女性にとって男性にエスコートされることは快感と言えるでしょう。ジェントルマンは女性磨きがとても上手です。女性に対する尊敬と賞賛の気持ちを忘れないから。彼は「貴女を守るから安心なさい」と言葉と態度で表します。そんな包容力にあふれるエスコートを受けた女性は、より磨かれていくのです。

# 22

# 一人で旅立たないで

女性の夢は遠いところに行くことではなく、親密な間柄になること。

——ジャクリーン・マビ（カナダの小説家）

その人は一人の女性を愛しています。幸せになってほしいと願っています。しかし、彼が自分の価値を探す旅（魂の旅）に出ると、彼女はとり残された気持ちになり寂しくてなりません。

彼は「愛する貴女にも、自分らしい生き方で人生の旅を続けてほしい」と望んでいます。それが、男性が女性に本当に伝えたいこと。人に希望や力を与えるのは、やはり人なのです。

たとえば絵が得意な女性がいたとしましょう。ジェントルマンであればそこで、「貴女の絵をこれからももっと見てみたい」と励ますでしょう。相手の持っているものを尊重することで、人生に夢や楽しみを手に入れるチャンスを与えるのです。そのために必要な精神面、金銭面のバックアップを惜しまないことも、パートナーの大切な役目だと私は思います。

# 23

# ほめてくれない貴方へ

ほめるのはタダです。

――アドリアン・ドゥ・モンリュック（フランスの劇作家）

「その色すごく似合うよ」「素敵なヘアスタイルだね、美容室に行った？」

そう言ってくれる日本の男性は、どのくらいの割合でいるでしょうか。パートナーに「もし、私にいつまでもチャーミングな女性でいてほしいなら、もっとほめてね」と言ったことのある女性は少なからずいるでしょう。すべての女性は、愛されていると感じたらもっときれいになろうと努力します。

「そんな気恥ずかしいセリフを言うなんて絶対に無理だよ」などと言っていると、貴方のポストに突然手紙が届くかもしれません。

「大好きだった貴方へ
　このようなかたちで終わりにすることを許してください。私は貴方が大好きでしたが、貴方は最後まで私に関心を持ってはくれませんでした。私はいつも不安でした。もっと私を見てほしかった、洋服やアクセサリーを一緒に選んでほしかった、好きなアーティストのコンサートにもそろって出かけたかった。
　大切にしていたロングヘアをばっさり切ったときも、貴方はなにも言いませんでした。その夜私ははじめて声を上げて泣きました。そして貴方への想いにピリオドを打つ決意をしました。
　私も幸せになりたいのです。私のことをしっかり見てくれる人、話を聞いてくれる人、小さなことでも一緒に笑いあえる人に出会えました。いつも寂しかった私にお別れです。貴方は最高の反面教師でした。どうかお幸せに。」

# 24

# 親切すぎる男

知性は個人の利益を守り、正直さは両刃《もろは》の剣《つるぎ》になる。
——グレハム・グリーン（イギリスの作家）

出会ったばかりの人にも、深くおつきあいしている人にも、少しだけ距離を置きましょう。たとえば、関係のないことやプライベートを正直に話すことはありません。

女性は知っているかもしれません。

おしゃべりな男性は信用をなくします。神秘性やチャーミングな部分、ときにはその人に対する夢までも失いかねないでしょう。どんな間柄でも多少の秘密があるほうがおたがい魅力的に感じるものです。

では、正直な男性はどうでしょう。その正直さが破局の原因になってしまうということがあります。たとえば、浮気がばれたときの男性は、「嘘をつきとおす」か「正直に告白する」かどちらかです（賛否両論あろうかと思いますが、ここでは一つの例え話としてお話しさせてください）。

この場合、徹底的に愛のある嘘を通せば勘違いで終わります。しかし正直に告白すれば、男は嘘の重圧から逃れ気持ちが楽になるでしょうが、女のほうは深く傷ついてしまいます。まさに正直さは両刃の剣です。もちろん嘘はいけませんが、正直すぎるのも決してプラスばかりではないということですね。知的な男性は、相手のことを考えてそのあたりのさじ加減と見極めができるでしょう（そういう男性は浮気することはないでしょうけれど）。

「王様たちに近づきすぎてはいけない」というオリエンタルなことわざがあります。これは、おたがいに近づきすぎると軋轢《あつれき》が起こり、騒動や事件に発展しかねないことを戒めるものです。相手と距離を置くというのは自立するということです。依存しすぎると、相手に反発したり思いやることができなくなったりします。

また、誰かのために尽力しても、ご褒美を当てにしてはいけません。逆にプレゼント攻めもいけません。知人に教えられたことがあります。「他人になにかするときは、どこかでお返しを期待する。もし、それがなければがっかりするだろう。期待するくらいなら、なにもしないほうがいい」と。

あまりに親切すぎる男性は、女性とうまくいきません。彼が見返りを期待していることを、彼女は心のどこかで感じているからです。そういえば『男はつらいよ』の寅さんも親切すぎていつも失恋ばかりしていました。

# 25

## 彼女にも秘密が

大きいスペースは人間同士を遠ざける。完全なプライバシーはそれぞれの小さな場所でしか生まれない。

——フランソワ・エルテル（カナダの作家）

女性なら誰でも知られたくない秘密があります。ジェントルマンなら、決してこのようなことはしないでしょう。

✓ 女性のハンドバッグのなかを見る。

✓ 妻のベッドルームや入浴中のバスルームに、ノックなしにいきなり入る。

✓ 事前に連絡なく突然帰宅する（彼女はムダ毛の処理といった身体のケア中だったり、料理の途中だったりするかもしれません）。

✓ 彼女が手紙を書いているときにのぞき見する。

✓ 彼女の電話の内容を聞く（誰かに聞かれていると自然に話せません）。

✓ 彼女のへそくりをチェックする。

# 26 嫉妬のステージ

愛は嫉妬を生む、しかし嫉妬は愛を殺す。
——クリスティナ・クリスティーヌ（スウェーデン女王）

嫉妬とは愛の一つのかたち。相手を一人占めしたいという気持ちの表れです。愛が深いほど嫉妬心も強くなり、セルフコントロールが難しくなります。誰かを愛するということは、不安や欲望、猜疑心と戦っていくことでもあるのです。おしどり夫婦や駆け落ちカップルが、突然別れてしまい驚かされることがありますね。束縛心や独占欲が愛情を上回ったとき、逃げ場がなくなりあっけなく破綻するのではないでしょうか。

「私より彼女を愛しているのかもしれない」「あの二人は陰でつきあっているのではないかしら」と根拠のない自分勝手な思い込みで悶々と苦しみ、二人でいるときに携帯電話がかかってきたら、「このあとどこかで待ち合わせするのではないか」、相手が一人で出かけていたら、「ほかの人に会っているのではないか」と果てしなく想像がふくらみます。嫉妬とは、一歩間違えれば愛を滅ぼす致命傷になります。

女性を不安にさせない男性を選びたいものです。彼女に気持ちを伝える、連絡を面倒がらない、話を聞くなど、日常の小さな努力を惜しまないというのは、相手を尊敬する気持ちの表れです。

ただ、ときどき見せる男性のジェラシーに女性は安心したりもします。貴女がほかの男性と親しげに話していたら、貴女にだけわかるように軽くしょげるようなジェスチャーをする彼に、また愛おしさが募るでしょう。ジェントルマンはジェラシーを上手に使い、女性に〝愛〟を告白するのです。

# 27

# 上品なアプローチ

人を魅了するためには、まず自分から。

――エルザ・ジルベルスタイン（フランスの女優）

こういう聡明な男性を女性は選びたいものです。

その男性は、自分の魅力を最大限に引き出すには、自分らしくあらねばならないことを知っています。そのためにもっとも大切なことはなにかと言えば、ルールを守り自分を裏切らないこと。ジェントルマンは、女性に最初にアプローチする際のルールとポリシーを持っています。

✓出会った日の夜は一緒にすごさない。

✓おたがいの自宅を訪問するまでに、3回以上外で会う。

✓映画や食事に行きたいなら、都合のつく日時や時間帯を前もって教える。

✓彼女の連絡先は聞かないが自分の連絡先は教える。

✓プライベートすぎる内容の話はさける。

✓彼女の目をしっかり見て話す。

✓彼女のプライバシーには踏み込まないが、彼女の質問には真摯に答える。

✓彼女の前でほかの女性の話をしない。

✓未婚者であること、別につきあっている女性がいないことをハッキリ伝える。

# 28

# セックスのファンタジー

男たちはセンチメンタルじゃない。どんな男でも「ラブストーリー」を二度見には行かない。

——リタ・ラドナー（アメリカの女優）

高価なプレゼント、高級レストランでの食事、甘い囁き……。ほとんどの男にとってロマンティシズムはセックスまでの道のりです。それどころか、面倒な過程抜きにセックスさせてくれる女性がもっとも望ましい、と思っていると言っては言いすぎでしょうか。

こんな調査結果があるそうです。

「一日のなかで男は女より400回以上多くセックスのファンタジーに浸っている」

確かに、精神的にも肉体的にもファンタジーがない男性は、いざというとき目の前の女性と結ばれることができません。

一方、女性は、男性がセックスのファンタジーに浸っている時間と同じだけロマンティックな想像をしてすごします。今後の二人のこと、相手のこと、自分の望みといったことをずっとイメージしています。それこそが男女のすれ違いの始まりです。なぜなら、どちらも永遠に変わらないから。

一般的に男性は、ロマンティシズムは苦手なのでしょう。でも、愛しい女性を満足させるためには、男性によるロマンティックな行動という〝小さな魔法〟が必要です。

女性が不安なときや寂しいときには、優しく抱きしめる、手を握り優しくキスをする、軽くボディタッチをするなど、女性が喜ぶスキンシップがあります。近くに一緒に出かけるというようなことでも十分です。とはいっても、彼が楽しいだけのカラオケや野球観戦ではなく、女性の行きたい場所に。女性は、ささいなことから自分がいかに愛されているかを敏感に感じとる生きものなのです。

# 29

# ロマンティックなアイディア

複雑なことを並べる前に、風と雨、雪と月からの恋文を読みなさい。
――一休宗純（日本の僧侶）

女性がロマンティストだからといって、高価なプレゼントは必要ありません。愛する人を喜ばせたいと思う気持ちや、愛情を伝える細やかな心遣いは、こんな方法で表してほしいのです。

✓屋上のテラスにマットレスとキャンドル、美味しいワインと音楽を用意して。外で一晩すごすために。

✓ 内緒で雪の露天風呂を予約します。そして、雪景色のなかで熱燗を楽しみましょう。

✓ 美しい場所に連れ出して。彼女の好きな美術展、その後は空気の美味しいところでのんびりとボートに乗ります。

✓ 一緒に暮らしているパートナーが仕事で遅く帰ってくるとわかったら、よく冷やしたシャンパンとライムでマリネしたサーモン、小さな食卓にいっぱいのキャンドル。

✓ （理由なく）贈る花束。

✓ 枕元に小さなラブメッセージ。

✓ 下着専用の引き出しに、ルージュのプレゼントをこっそりしのばせて。

✓ キャンドルの灯ったバブルバスに、白ワインと素敵な音楽。

✓ バスルームから出てきたら温かいタオルを差し出して。

✓ ラジオからご機嫌な曲が流れてきたら、彼女の手をとり、踊ろうと誘う。

✓誰もいない夜の浜辺、大きなブランケットにくるまりながら飲む赤ワイン。

✓自分が子どものころの楽しかった話をして（女性は愛する相手の子どものころを想像するのが大好きだから）。

✓彼女の左耳にそっと話しかけましょう。ソフトな声は言葉以上に女性を惹きつけます。ジュネーブにある大学の研究者クラウス・シェール氏は、アメリカのＣＩＡに説明したそうです。録音された声のトーンによって、その人のストレスの度合いがわかると。ストレスがあれば、声帯が緊張して縮むので声が高くなります（嘘をつくときも声は高くなります）。だからでしょうか、ほとんどの女性は低い声を好みます。

彼は、ロマンティックなアイディアなんて思いつく人じゃない、ということでしたら、あなたからお願いしてみましょう。最初は女性からの提案でも、いつか彼からアイディアが出されるときがくるはずです。

# 30 ロマンティックでないアイディア

嘘つきな人間は一つのことしか獲得できない……その一つは、誰も信用しないというもの。

――イソップ（ギリシャの作家）

男性はときどき、私たち女性があまりうれしくないとは知らずに、このような場所に連れていってくれます。

✓ 彼の友人たちがたむろしている騒々しいバー。

✓ 時速160キロでぶっ飛ばす手に汗にぎるドライブ。

✓裸同然のレースクイーンたちが男に媚を売っているサーキット場。
✓キャンプ、さらにフィッシング。
✓自宅に彼の友人を大勢招く（女性は準備に追われてパニック状態）。

# 31
## バッドボーイ

女性の最大の喜び、女性のもっとも深い官能的な望みは、男性の確かな真面目さ。

——ピエール・ドリュ・ラ・ロシェル（フランスの作家）

ジョニー・デップは、なぜ女性に抜群の人気を誇っていると思いますか。

それは、女性が必ずしも白馬の王子様を待っているわけではないからです。ヒュー・グラントのように上品でハンサム、しかもユーモアがあって、女性を安心させるようなタイプの男だけを望んでいるわけではないのです。……女心は複雑です。

ジョニー・デップのようなバッドボーイに、なぜ惹かれるかと言えば、それは刺激的だから、ドキドキさせてくれるからです。いくつになっても女性はそういう男性に弱いもの。

バッドボーイは本能と衝動のおもむくままに生き、社会のルールやモラルは関係ありません。女性に断られても何度も果敢にアプローチしたり、なんの相談もなく大切なことを勝手に決めてしまったり。このタイプの男は普通の男性より〝強い〟のです。女性は、優しいだけの男より、強い男と強引な押しに弱いのです。そのうえ、内面にデリケートさや柔らかな心を秘めているバッドボーイなら、出会えた女性は幸運です。

バッドボーイに意地悪やイタズラをされても、それは女性たちにとって〝人生のスパイス〟。わざと冷たくする、アブノーマルな行動をする、ルールを無視する、ワイルドな態度をとる。ジェントルマンとは対極的なバッドボーイ。

ただ秘密を明かすと、彼らは決してノーマルな男性のライバルではありません。女性は根っからのバッドボーイを愛したりはしません。本音では誠実な男を望んでいます。真面目さと優しさは最上の武器ですから。そんな男性が、ときどきバッドボーイのふりをしてくれたら、と女性は夢に見るのです。

# 32

# ほかの女性を目で追う男

幸せであるほど自分の幸せに気づかない。

――アルベルト・モラビア（イタリアの作家）

女性と一緒にいるときにもっとも失礼な行為は、ほかの女性を目で追ったり、じろじろ見たり、アイコンタクトをとったりすることです。そのような行動を女性は素早く察知し、嫌悪感を募らせます。

どんなに真面目な人でも、セクシーな女性がいたら目で追い、イメージを脳にストックし、フラッシュバックさせます。確かに、男性はきれいな女性とすれ違ったりすると自然と目が向いてしまいます。でも、瞬時にリセットする理性を持っている男性ならコントロールできるはず。そこでジェントルマンかどうかわかるのです。

これは女性だけの秘密。男性が案外知らないことがあります。彼らは、妻や恋人が、ほかの男性に目を奪われるのをキャッチすることはできないと言われています。神様はそのように男性と女性を創ったのです。

# 33

# ラブコミュニケーション

女性はキスを拒否するが、本当は盗まれることを望んでいる。
――クロード・アドリアン・エルベシウス（フランスの哲学者・詩人）

メル・ギブソン主演の映画で『ハート・オブ・ウーマン』というラブ・コメディがあります。主人公は、ひょんなことから女性の心の声が聞こえる不思議な能力を身につけます。そして彼は思い知りました。ほとんどの女性の本音と建前は違うことを。とくに感情面とセクシーな欲求については……。

女性は男性になにを求めているのか、なにを望んでいるのか……。一般的に男性は、女性に対して視野が狭いようです。

女性は、セクシーでありたいけれど、礼儀正しくもありたい、そんな相反する気持ちに揺れています。男性の目を引くならセクシーなほうがいい、でも度がすぎると結婚相手としてまともに見てもらえなくなるかもしれない、という不安があるから。

ベッドでのパフォーマンスやテクニックについても、女性たちは男性が思うほど重視してはいないのです。セックスそのものではなく、男性が自分に夢中になっていくそのラブコミュニケーションを存分に楽しみたいと思っています。

そもそも彼女たちの多くは、男性のプライドを傷つけないために沈黙を守っています。本当のことを話せば、二人の関係が悪化するかもしれないピントのずれた愛撫のことをどう説明したらよいかわかりません。

素敵な恋人なら、腕のなかの女性に尊敬と思いやりを持って優しくリードするでしょう。一緒にいるということは一緒に分かちあうということ。女性の気分と身体を優しくほぐし、ベッドタイムを最高のリラクゼーションと幸せな雰囲気で満たします。女性は、二人の精神と肉体が近づき寄り添うことで最高の幸福を感じます。

# 34

## 可哀想な男にならないで

成功する男になりたいと思うのでなく、価値のある男になってほしい。

――アルベルト・アインシュタイン（ユダヤの物理学者）

16世紀に実在した男性カサノバ。多才な彼は、法律家、外交官などさまざまな仕事をし、各国を訪れ多くの経験をしました。王侯貴族から庶民まで彼の魅力のとりことなったと記録にも残っています。彼はアドベンチャラー。すべて自分の力でやり遂げるタイプ。多くの女性と関係を持ち、カサノバの名は好色家の代名詞となったのですが、女漁りというのではなく、すべての女性が彼に夢中となり、彼も心から女性を崇めていたのです。

一方のドン・ファン（彼は実在しない架空のキャラクター）は、真逆の人物。彼にとって女性は愛の対象ではありません。己に従わせたかっただけなのでしょう。女性の弱さを暴露して相手を低く見る人間。だから弱い女性としかつきあえませんでした。「スペインで3000人の女性を手に入れた」とモーツァルトのオペラ「ドン・ジョバンニ」では自慢しています。彼にとって女性は、攻撃をしかける要塞、征服すべき未開地です。こういう男性は自分のことしか考えていません。ドン・ファンに魅力はありません。あるのは女性への強い欲望と執着だけです。

今の社会にも、自分のことしか考えないタイプの男性が大勢います。

✓ やたらに口がうまい。

✓ 若くて美しい女性と自慢げに腕を組んで歩く。

✓ 女性はセックスするための存在だと思っている。

✓ 女性の心の痛みがわからないから、たとえば妻の留守中に平気で女性を自宅に連れ込む。

✓ 50歳を超えて若作りする。

✓ 浮気を勲章と呼び、過去に関係を持った女たちの自慢話をする。

ドン・ファンタイプの下品なプレイボーイにとっては、女性の才能や美しさなど関係ありません。美貌を誇る女優もセクシーな歌手も、それどころか伝統ある王家の妃殿下でさえ夫に不倫されたあげく捨てられました。そういう男性たちは大きな器ではなく、偉大でもありません。最後は結局、妻に三下り半をつきつけられる可哀想な男性たちです。

# 35

# 浮気しない男のほうがIQは高い

愛しているのなら相手に忠実であることは難しくない。

――アンリ・ド・モンテルラン（フランスの作家）

江戸時代の吉原、ソープランドにピンクサロン……、昔から性風俗店は男性向けのものばかりです。男性の下半身には、愛とセックスは別物という異なった人格が宿っていることがわかります。

反面、男性は自分の価値とプライドを守りたい気持ちが、女性よりはるかに強くあります。相手をリードしたい、人の上に立ちたい、認められたい、自分は正しい、などと思っています。そのうえ、自分の価値を他人のものさしで計るほど社会的評価を気にします。私的感情よりも社会常識を優先するのです。したがって魔が差したとはいえ、不倫や浮気をすると、自分が社会常識から見て〝間違った行為（タブーを破る）〟をしていると負い目に思い、結果的に自分の価値やプライドに傷をつけてしまいます。

ジェントルマンなら、パートナーのため、自分自身の価値とプライドを守るため、「チャンスが巡ってきても欲望には負けない」という強い理性を持っているでしょう。

ここで男性の浮気に関する雑学を。ヤフーフランスで、イギリスの研究機関が行った興味深い調査の結果を見つけました（2010年3月22日）。ロンドン・スクール・オブ・エコノミクス・アンド・ポリティカル・サイエンスのカナザワサトシ博士によると、「浮気をしない男性はＩＱが高い」という調査結果が出たそうです。

これは文明と人間の知能が高度化するにつれ、一夫多妻制から一夫一婦制に進化してきたことと関連があるようです。ＩＱの高い男性は、常識や古い考えに固執せず新しい価値観や様式を容易に吸収できるそうです。一夫一婦制、無神論やリベラル思考などは進化した証拠で、ＩＱの高い男性は新しい環境や状況の変化にスムーズに適応できるということでした。なお、女性の浮気とＩＱとの関係については紹介されていません。

# 36

# 一生忘れないこと

トラにとっての檻は、男が浮気しないのと同じ不自然さです。

――ジョージ・バーナード・ショー（イギリスの劇作家）

男性に質問してみましょう。

貴方は浮気の経験がありますか、また妻（彼女）はそれを許してくれましたか。

「浮気なんかしたことないよ」と答えた男性は、よほど相手の女性を愛しているか、たまたまそういうチャンスに恵まれなかっただけなのかもしれません。

「何度かあったけど彼女にはバレなかった」と言う男性は、彼女が見て見ぬふりをしているだけという可能性があります。女性は男性が思う以上に敏感なことをわかっていないのですね。レストランやホテルの領収書が見つからなくても、車のなかにイヤリングが落ちていなくても、男性のいつもと違う微妙な態度で気づくということを。

「いや～大変だったよ、土下座してあやまったあげくお詫びにとんでもなく高価な指輪とネックレスを買わされて」とあっけらかんと言った方。断言します。女性は１～２回の浮気は許すかもしれませんが、裏切られた事実は絶対に忘れません。

傷ついたプライド、踏みにじられた心、屈辱感は生涯消えることはありません。繰り返しこみ上げてくる怒りと悔しさ……。

「私とその人をいつも心のなかで比べていたのね」「去年行った高原のホテルに彼女も連れていったのね」

男性にすれば〝お遊び〟なのかもしれませんが、女性の自尊心はかなりのダメージを受けます。結婚は双方の約束ですので信頼関係が失われたらThe Endです。

「一時の気の迷いで人生を棒にふることなかれ」と心から願っています。

# 37

# 愛の寿命

なにかを言うより黙ってなにかをやるほうが男らしい。
――アルベール・カミュ（フランスの作家）

ある女性のつぶやきです。

……パートナーは、もう昔のように私に情熱を抱いていないのでしょう。長い夫婦生活で私も理解すべきなのかもしれない。男性のロマンティシズムは長くは続かないということを。愛する人の心は、次のステージを目指しているということを。

私も、決して強く愛してほしいと言っているわけではないけれど、彼はもう忘れてしまったかのように、愛を口にすることがなくなってしまった。

でも、ときどきでよいから、今も変わらず愛していることを伝えてほしい。そして私を安心させてほしい。「愛しているよ」と耳元でささやいてくれればそれでいい。なにも言わずにぎゅっと抱きしめてくれればそれでいい。女は、愛の証拠をちょっぴり見せてくれるだけでとても強くなれるのだから。とても幸せになれるのだから……。

# 38

## 〝別れ〟というチャンス

愛が難しい芸術ならば、別れはもっと難しい芸術です。

――マルク・アンドレ・ポアソン（フランスの作家）

愛で不幸に陥った人間は、別れることで再び自由をとり戻すことができます。あるときは別れるのは正しい。あるときは別れるのはポジティブなこと。なぜなら別れは自分のもっともピュアな側面を守ることができるから。別れは人生を再び生き生きと蘇らせるチャンスだから。

女性でも男性でも、相手を憎む歳月を送るより、別れたほうがエレガントな場合があります。

男性としての価値は、別れ方にも表れます。相手への優しさとデリカシーを忘れずに、きっぱり別れる知性を持っているのがジェントルマンです。電話の回数を減らし、距離を置き、女性に中途半端な期待を持たせるなどということはしません。下品な言葉や態度で相手をののしったりもしません。最後に「一緒にすごした時間は素晴らしかった。生涯の思い出になる。二人は合わなかったけれど貴女のことは一生忘れないよ」と静かに告げます。

もし女性側が経済的に苦しい状況ならば、一定期間経済的なフォローをすることも忘れません。彼は二人の年月を汚すことなく、潔く幕を下ろします。

# 39

## 男への最大のほめ言葉

女性は、もともと戦わずにあきらめる存在です。
――セーレン・キルケゴール（デンマークの哲学者）

パートナーを尊敬できなくなった女性は、プライベートな問題を男性にいっさい話さなくなります。

長続きするカップルは、愛の最高の表現は情熱ではなく、誠実さであることを認めています。誠実さよりももっと素晴らしい表現があります、それは〝優しさ〟です。女性たちの最高のほめ言葉は〝誠実で優しい男性〟。夫婦間でもっとも価値があるのが優しさだということを知っている人こそ、ジェントルマンです。

# 40

## 結婚が怖い

結婚は煙草と同じ。身体によくないうえに、もっとお金がかかる。

——オスカー・ワイルド（イギリスの詩人・作家・劇作家）

オスカー・ワイルドは結婚に関して、もう一つおもしろいことを言っています。

「独身貴族には重税を課すべきだ、ある男がほかの男より幸せなのは不公平だ」と。

今の男性は、女性の人生に責任を持つことに不安を感じています。結婚は、家族の経済の安定と女性に対する責任です。賢明で責任感が強い男性ほど結婚するのが怖いのです。一生独身でいることを決意する男性も増えました。

またある人は、もっとも恥ずかしいのは〝自由のない自分〟だと言います。それを本気で言っているのなら、自己中心的すぎます。こういう男性との結婚はあきらめたほうがいいでしょう。

女性には子どもを産む性という側面があり、子どものためにきちんと家庭を築きたいという願望は間違っていません。相手が独身主義かどうか、確かめないと傷つく時代です。

いろいろな面で結婚という制度も見直す時期に来ているのかもしれません。家族がほしいなら事実婚でもかまわないではありませんか。便宜上、結婚というかたちをとるほうがよいのなら、子どもが成人するまでの20年間の契約にしておくのもいいかもしれません。その後はともに歩むもよし、それぞれ人生を仕切り直して新しい道を模索するもよいでしょう。

私の大好きな映画に『恋愛小説家』というのがあります。ジャック・ニコルソン演じる超偏屈な独身主義者の小説家は、世の中の人間すべてに不満があり、結婚というかたちで男性のお金を吸いとる女たちにも不信感を抱いていました。しかし、病気の子どもを育てている一人のウエイトレス（彼女もこの偏屈な小説家に辟易しています）に出会い、次第に愛に目覚めていきます。

いろいろな経験を経た二人をとおし、愛というものが人生を照らすともしびであるということが感じられる映画です。中年をすぎた独身たちはなんてチャーミングなのでしょう。

# 第3章

# 人としての
# クオリティ

lity

# 41 時間を守る男

時間の正確さは国王の礼儀。

——ルイ18世（フランス王）

女性から見て、素敵な男性というのは女性への接し方だけではわからないものです。「魂は細部に宿る」などと言ったら大げさかもしれませんが、シンプルな日常の行動に、その人自身が表れます。

たとえば、時間を守るのはマナーの基本です。遅刻したり、待ち合わせ時間を変更したりする人は、（好意的解釈をすると）きっとご多忙な方なのでしょう。

しかし、度重なると「自分のコントロールができない」「段取りが悪い」「思いやりがない」という烙印を押されます。

以前、日本人でパーフェクトなジェントルマンに出会ったことがあります。彼は「人間の本性は二つのポイントに表れる。それはお金と時間。時間を守らない人間はお金にもルーズだ」と言いました。

どんなに素敵でも、どんなに優秀でも、時間を守らない男性は信用を失います。もちろんこれは女性にも言えますが。

# 42

# 一緒に暮らすと幸せな男

あなたは「与えたい」と言わず与えてください。人は決して待つだけでは満足しないから。

——ヨハン・ヴォルフガング・フォン・ゲーテ（ドイツの詩人）

すぐに行動すべきだということは、口にしなくても誰もがわかっています。用件は速やかに終わらせることがもっとも大切なことを。

請求書が来ればその日のうちに支払いをすませましょう。電球が切れたらすぐに交換しましょう。こういう男性と暮らせば女性は本当に幸せです。

# 43

# 尊敬される男

言動が一致するというのはなんと美しいことだろう。

――ミシェル・ド・モンテーニュ（フランスの哲学者）

古代ギリシャの政治家は、約束を守らなければ死をもって償わねばなりませんでした。政治家であり弁論家として有名なデモステネスも、自ら死を選びました。

男性が本当につらいのは、誰にも愛されないことではなく、誰にも評価されないこと。男性は愛情よりも自分への信頼や賞賛に価値を感じます。

すべての人間関係は〝信用〟で成り立っています。約束を守る人は信用できる人。その約束がささやかなものであっても、きちんと守れる人に大きな尊敬と信頼はよせられます。

仮に、愛情を感じている男性が、約束を一方的にキャンセルして、仕事のせいと開きなおったりするのなら、彼をこの先尊敬するのは難しくなります。

約束を守るというシンプルな行為に秘められた価値は、はかりしれないものと言えるでしょう。

# 44

# 言い訳せず断れる男

本当に自由な男は、言い訳せずにディナーの招待を断る。

——ジュール・ルナール（フランスの作家）

なにかのお誘いがあったとき、あれこれ言わずにスマートに断れるとしたら、それは芸術に値します。

いっさい言い訳せず、「残念だけどその日はダメなのです」と言い、その際、改めて連絡する旨を相手に伝えることができる男性ならばベターです。

# 45

# チンパンジーと呼びたい男

今の社会はなにもかもが許されすぎている。ポルノ映画や写真は最悪のピークを迎えている。美しいならまだ楽しめるが、テクニックが悪すぎてすべてピンボケだ。

――ウッディ・アレン（アメリカの映画監督・俳優）

男はこういうものだからと言って許す日本女性は減りました。これは、私からも日本の男性へお願いしたいことです。

✓ポルノの雑誌やＤＶＤを、平気で自宅に持ち帰らないでください。

✓ポルノ雑誌を見ることに羞恥心を持ってください。

✓女性の肉体をリスペクトしてください。

✓電車のなかでポルノ雑誌や新聞を堂々と広げないでください。

✓セクハラの意味を正しく理解してください。

✓女性=妄想の対象というステレオタイプから卒業してください。

ポルノという手法は、肉体と精神を完全に切り離したものです。ポルノにのめり込む男性は雄牛と同じです（雄牛は1日に30回くらい交尾できるので、ヨーロッパでは性欲をコントロールできない男性の象徴とされています）。欧米では、そういう男性をチンパンジーと呼んでいて、日本でも、この〝懲りないチンパンジーたち〟は数多く生息しています。

チャンスがあればいつでもセックスしたいという男性の本能は、自然と言えば自然ですが、人間と動物との違いは、そこで本能をコントロールできるかどうかです。もし、コントロールできないのなら、セックス依存症かもしれません。ゴルファーのタイガー・ウッズや俳優のマイケル・ダグラスも、セラピーやカウンセリング、投薬などの医学的な治療を受けました。この依存症のために二人とも妻から見捨てられ、社会的にも反省の態度を示しつづけなければなりませんでした。

大人になっても、ポルノを女性の前で平気で見るような男性は、見た目は成人でも本当の大人の男性ではありません。もちろん、貴女のパートナー候補にはなれるはずもありません。

# 46

# ためになる男

才能とは選択のことです。

——ロバート・デ・ニーロ（アメリカの俳優）

男の個性と魅力は妻次第ということがよく言われます。女性が男性を育てるということなのです。

出会いや結婚はタイミングですが、その男性の行く末を案じてしまうようなパートナーもいます。派手な女性や下品な女性、大声でしゃべる女性などです。自分と同じ品位を持つ相手でなければ、自分の価値を下げることになります。

友人に恵まれることも、人生における大きな幸せです。友人を見ればその人がわかります。

私たちは、どんな場合も身近な人間に染まってしまいます。下品な人間は下品な人間と、正直でない人間は正直でない人間と結託し、ハイクラスで誠実な人間は、同じ精神を持った人間とつきあうのです。

人生にはさまざまな出会いがありますが、交際してためになる相手とためにならない相手がいるというのは事実です。「才能とは選択のことです」というデ・ニーロの言葉は人間関係にもあてはまります。

# 47

## 誰かをいつも犠牲にする男

自分の悩みを持ち歩く、顔に寂しさを表す。それは相手への愛情が足りない証拠。相手の肩に自分の荷物をおろすことだ。

——オムラム・ミカエル・アイバンホフ（マケドニアの哲学者）

周囲の人をわざとイライラさせるような態度をとる人に、出会ったことはありませんか。

いつも不機嫌な上司は部下たちにトラウマを与えます。それは彼特有のテクニックです。彼の不機嫌さを解消するために、部下たちは何倍もの仕事をこなします。

彼はこの方法が効果的なことをよく知っています。彼の成績は上がり、どんどん昇進します。自分のエネルギーの無駄使いをしなかったおかげで、彼は偉くなれたのです。家庭でも似たようなやり方をします。元気なのに調子が悪いふりをして、妻や家族に甘えます。まさしく「相手の肩に自分の荷物をおろすこと」。それはレベルの低い、卑怯な手法です。

このような男性は善悪を考えず、自分のために誰かを犠牲にするのです。周囲の人々を服従させることを当たり前と考え、特別な力を持ってみなの上に君臨します。

それとは反対に、巧みなセルフコントロールで相手に感情の起伏を見せず、いつも変わらぬ穏やかな機嫌と態度の人が、まわりから尊敬と愛情を集めるのです。

# 48

## 一生の友達と言える男

フレンドシップは常に表すこと。さもないとそのフレンドシップは失われてしまう。

――ウィリアム・シェイクスピア（イギリスの劇作家）

貴女のお相手は、フレンドシップを生涯守り抜けそうな人ですか。

フレンドシップのある男性なら、60歳になってから深い友情を育むのは遅いことだとわかっています。ですから、たとえ1年に1度でも、必ず友人に連絡をとります。

私のイギリス人の友人、彼こそ本物のジェントルマンです。30年前から毎年欠かさず手紙をくれます。

彼の手紙は毎回完璧です。まず私のことを尋ねてから、自分の近況を報告します。いつも変わらず4つのテーマを話します。彼の家族、仕事、愛、趣味（父の代からずっと続く蘭の話）。

彼は私にとって極めて近い存在ですが、決して重くはありません。ときどき私の両親を訪ね、旧友たちの報告をしてくれたりもします。さらに、大切な友人の妻たちに、大きな花束をプレゼントするデリカシーを持った人です。

# 49

# 打算的な女性に弱い男

くだらないことについては、真心ではなくスタイルで応じる。
――オスカー・ワイルド（イギリスの詩人・作家・劇作家）

日本の男性たちの精神構造は、花魁《おいらん》のいた時代からあまり進歩していないようです。彼らはストレス発散と言いますが、なぜ、お金のために男性のご機嫌とりをする女性たちのいるお店に通うのでしょう。

男性の社交場などともっともらしい呼び方もあるようですが、女性たちは、男性を〝小さな神様〟あつかいしておだてながら上手にお金を引き出します。

男性たちにもっと意識してほしいのは、貴方のパートナーである女性には、とてもデリケートで知的、そして打算のない一面があるということです。彼女たちは、愛する男性の心を冷静にする正しい言葉をかけることができます。

女性は、パートナーに自分の存在を軽んじられると「愛されていない」と感じます。男性が弱さを見せてくれたり悩みを打ち明けてくれたりしたときに、自分の存在感を改めて認識し「愛されている」と実感します。

でも、夫や恋人が飲み屋で弱音を吐いたり、悩みごとを相談したりしていることを知れば、自分を認めてくれないもどかしさを感じ、とても腹立たしくなり傷つきます。そして少しずつ愛情を感じなくなり心が離れていくのです。

日本の男性は、なんてエネルギーとお金と健康を無駄使いするのでしょう。

# 50

# 仕事以外のなにかがある男

旅の魅力は数え切れないほどの景色を楽しむこと、そしてそのすべてが自分のものなのに、決して自分の手に入らないことを大きな心で受け止められることにある。

——チェーザレ・パヴェーゼ（イタリアの作家）

趣味を持たない男性は心配です。

私の友人の夫たちは、仕事と接待ゴルフが趣味だとよく言っていました。彼らは仕事を離れる年齢になると同時に目標を見失い、見事な抜け殻となりました。リタイア後の生活を充実させるための趣味や仲間もなく、その後の人生に対して具体的な絵が描けなかったのでしょう。

妻たちにも不幸のお裾分けです。夫の退職後に夫婦で世界中を旅行したり、ガーデニングやトレッキングを楽しんだりとあれこれプランを立てていましたが、抜け殻となってしまってはすべて白紙です。

仕事は、子どもたちを育てるため、趣味や娯楽を楽しむため、余生を充実させるためのものです。仕事以外に興味のない男性は、〝つまらない人生〟をすごすことになるかもしれません。女性は、パートナーが、充実した人生とはいったいどういうものか考えるきっかけになるような話題を提供してみてはいかがでしょう。

そして今後の（仕事以外での）ビジョンが持てたら、手近なところから始めます。パートナーが写真に興味があるならば、少し高級なデジカメを手に入れ二人で休日に景色や植物を撮りに出かける、経済の勉強をしなおしたいのなら講座を探したり読書リストを作ったりしてもいいでしょう。

私たちは、もっと世界を広げ自分を開拓しましょう。人生にとって大事なのは、知性とオープンスピリットです。

# 51

# ハッピーを語る男

彼は私の苦しみを知っていたから、自分の喜びをひた隠しにした。

――アメリー・ノートン（ベルギーの作家）

ある日、私は久しぶりに友人に会い、うまくいっている現在進行形の恋人のこと、充実している仕事や楽しい生活のことを存分に話しました。しばらくして彼に「貴方は最近どうですか？」と尋ねたところ、彼は一言「仕事を失った……」と答えました。その瞬間、私は胸がキリキリと痛むような後悔に苛まれました。

相手はどんな状況にあるか、聞くまではわかりません。あれから、自分の喜びを先にアピールすることは絶対にやめようと決めました。

いつも相手を優先するのがジェントルマンです。苦しんでいる人に決して自分の喜びを見せないデリカシーを持っています。とうぜん、男性にも女性にも同じようにていねいに接します。他人の悪口を言ったり批判をしたりしません。

以前、日本の男性が妻の悪口を言うのを聞いて、ショックを受けたことがありました。自分の妻を人前で批判したり侮辱したりする不謹慎な態度を見て、怒りがこみ上げました。

ジェントルマンは、相手を楽しませるために、いつも笑顔でハッピーなことだけを語ります。大阪商人の「儲かりまっか?」「ボチボチでんなぁ」、なんと素晴らしい文化なのでしょう。

# 第4章

# ジェントルマンの見つけ方

# 52 レディーファースト

男性の礼儀は女性を立てる芸術。

——（作者不明）

レディーファーストの由来にはいろいろな説があります。

昔々、アラビアのとある小さな村に深く愛しあう男女がいました。ところがおたがいの家族や周囲の人々に結婚を猛反対され、二人は心中を決意します。高い崖の上から、まず男性が飛び降りました。ところが、その姿を見た女性はとても驚き、あまりのおそろしさに村に逃げ帰ったのです。数年後、彼女は別の男と結婚して幸せに暮らしました。以来、女性に猜疑心を持った村人たちは「なにごとも女性から先に」ということに決めました。
もっと古い説は、狩猟生活を送っていた時代にまでさかのぼります。

子どもを産むという行為は女性にしかできません。もし、外敵の襲撃を受けたり、なんらかの危険が迫ったりすれば、男たちは子孫繁栄のために女性たちを守らなければなりませんでした。そのため女性をサークルの中心に集め、男性がまわりで防衛したり、真っ先に逃がすなどして守っていたのです。

真偽のほどはともかく、どちらも一理ありますね。

レディーファーストのルールは、ビクトリア時代（1837―1901）に生まれました。正しく教育された男性の証として「女性をエスコートする」というマナーを徹底しました。

現代におきかえれば、道路では男性が車道側を歩き、事故や泥ハネから女性をガードします。エスカレーターでは、上りは女性が先に、下りは男性が先になり、女性の安全を守ります。レストランやエレベーターでは、女性を先に通します。一度習慣にすれば、それらはたやすいことです。いつ、誰が、なにを、どのように行動すればよいかとてもわかりやすいからです。

これは日本トップレベルの大学での出来事、日本人のある男性教授と外国人女性教員のエピソードです。20年間にわたり二人は講義終了後、同じエレベーターに乗りあわせていました。彼は「自分のほうが高い地位だ」と思っているので、先にエレベーターを降りようとします。しかし、彼女はレディーファーストを理解してもらうために、故意に先に降りるそうです。この間、一度も男性教授に譲られたことはありませんでした。

彼女は、「いったいいつになれば彼はわかってくれるのか」と苦笑いしながらいつも私に語っています。

最高のインテリジェンスを持つはずの男性ですが「女性を立てる芸術」には詳しくないようです。

ジェントルマンなら、80歳の女性でも見知らぬ女性でも、すべての女性（Ladies）を平等に扱い優しくていねいに対応します。女性たちを立てて「ちょっといい気分」にさせることが男性の務めです。

# 53

# 礼儀以前

礼儀はマナーの柱であり、すべての人に愛される魅力ある行為。
——ジャック・ドゥバル（フランスの劇作家）

「過ぎたるはなお及ばざるがごとし」ということわざがあります。その「過ぎたる」と「及ばざる」のあいだにあるもの、それが「礼儀を知る」ということでしょう。礼儀はジェントルマンとして正しい教育を受けてきた証拠です。

ジェントルマンはすべての人に敬意を持っています（ホテルのスタッフ、タクシードライバー、店員、秘書……）。どんな人にもねぎらいの言葉を添えてていねいな挨拶をします。

ベビーカーと子どもを抱えた女性が階段で困っているときは「お手伝いしましょう」、年配者が並んでいれば「お先にどうぞ」と、ごく自然に声をかけることができます。

私は30年以上日本に住んでいますが、ときどき電車のなかで奇妙なカップルを見かけます。女性が立って、男性が腰掛けているのです。女性に対する思いやりがあまりにも欠けています。

そういう光景のかたわらで、優しさの勘違いが目につきます。若い男性の多くが、女性のハンドバッグを持ってあげているのです。男性が小さな女性もののバッグを持つこと自体格好悪いですし、ヨーロッパでは、女性は必ず自分でバッグを持ちます。ハンドバッグは女性にとって全身のバランスやコーディネイトを完成させる、なくてはならない最高のアクセサリーです。なにより、女性の秘密が詰まったハンドバッグに、男性が軽々しく触るべきではありません。ただし、女性が重そうな荷物を持っているときは、助けてあげましょう。

日常生活のなかでの振る舞いにこそ、その人の真価が表れるのですから。

# 54

# ふられないための電話のルール

歩きながら電話したり、食べたりというのはなんて野蛮な光景。
――ファブリス・ルッキーニ（フランスの俳優）

電話、とくに携帯電話は、社会でのルールやマナーが確立されていないのが現状ですね。友人と一緒のときにも平気で長電話したり、車内で大声で話したり、空気を読めない人がたくさんいます。マナー以前の話ですが、携帯電話を持つようになり自分に甘くなって、安易にドタキャンしたり、遅刻への罪悪感も薄れているようです。

とはいえ、携帯電話は、私たちの生活に深く浸透し切り離せない存在になっています。自分から発信する場合は静かな場所に移動して、相手に「少しお話ししてもよろしいですか」と確認のうえ、手短にすませましょう。自分にも、いつ、どのタイミングでかかってくるかわかりません。そこで、大切な人とすごすときの携帯電話のルールを作ってみてはいかがでしょう。

✓デート中は電源を切る。

✓かかってきた電話に出ない。出た場合は「悪いけれどあとで電話します」と約束する。

✓メールのチェックや送信をしない。

✓レストランやカフェのテーブルに携帯を置かない。

✓パートナーが腕をふるったご馳走を食べるときも同じようにする。

電源を切るのは不安かもしれませんが、相手を思いやる気持ちがあるのなら、たいしたことではありません。大切な人と一緒にいるときは、相手に集中しましょう。逆の立場で相手が携帯電話を気にするそぶりを見せたら、自分もきっと残念に思うはずです。

# 55

# 恋の行方は食べ方次第

ディナーへの招待は18時30分……なんと変な時間だろう。私なら豪華なアフタヌーンティーかイギリスの小説を読みふける時間。どんなに早くとも19時からだろう。ジェントルマンは決して19時前にディナーを始めない。

——オスカー・ワイルド（イギリスの詩人・作家・劇作家）

私は本気で愛してしまいそうな男性が現れたら、彼のテーブルマナーをしっかりとチェックします。彼はゆっくり食べるか、デリケートな食べ方をしているか、静かに食べるか。食事の作法には人間の本質が映し出されます。恋の行方は食べ方次第と言ってもいいかもしれません。美しく食べる人は、それだけで素敵です。

✓「クチャクチャ」と咀嚼《そしゃく》音を立てる人。百年の恋も一気に冷めてしまいます。

✓口いっぱいに食べ物を詰め込んでいませんか。以前、音を立てながら大急ぎで茶漬けをかき込み、汗をかきながら「ふ〜っ」と声を出すコマーシャルを見て、思わず引いてしまったことがありました（男っぽさをアピールしたいなら、ほかにいくらでも方法があります）。

✓正しいお箸の使い方をしていますか。箸先一寸（3・3センチ）を使うのがルールです。「握り箸」「たぐり箸」「迷い箸」「ねぶり箸」などはタブーです。

✓「肘をつく」「足を組む」など、だらしない姿勢で食事をしていませんか。背筋を伸ばして美しい姿勢で食べている人は、知的で優雅に見えるものです。

✓全員が席に着き、食事がそれぞれにいきわたったら、食べ始めましょう。どんなにお腹がぺこぺこでも、先にお箸をつけるのはマナー違反です。

✓相手と同じスピードで食べていますか。速すぎても遅すぎても相手に気をつかわせてしまいます。

✓ フォークとナイフを使うのなら、お皿の上にハの字に置けば食事中のサイン、お皿の右端に柄が右を向くようにそろえて置けばフィニッシュのサインです。また、自分が使ったものをテーブル上に直置きしないこと。それは清潔さのマナーです。

✓ 鞄や帽子は絶対にテーブルに置かないこと。使い終わったティッシュや爪楊枝も同じです。ポケットに入れて持ち帰りましょう。

✓ 歯のあいだに食べ物がつまり始めたら、歯医者さんにかかりましょう。

✓ あくびはじっと我慢して。どうしてもというのなら、口元に手を添えて相手に気づかれないように。

✓ 鼻をかむときは別の場所に移動しましょう。

✓ 誰かと食事するとき、新聞や雑誌を読むことはやめましょう。せっかく二人で食事をしているのですから一緒に楽しみましょう。

✓ ホームパーティーなどに招かれたら、食べ終わった食器は流し台まで運ぶか、昔の日本人のように食器を重ねて、運びやすくしておく気づかいを。

# 56

# 食事に一緒に行きたい相手

もし成功したいなら、しっかり日焼けしなさい。たとえ地下室であってもハイクラスのビルに住みなさい。たった1杯のドリンクしか注文できなくても、最高級のレストランへ行き、自分がそこにいることをみなさんに見せなさい。そして、もしお金を借りるなら、たくさん借りなさい。そのパワフルさがなければ成功はない。

――アリストテレス・オナシス（ギリシャの実業家）

イギリスでは、長く連れ添った夫婦は、レストランで隣同士に座り同じ方向を見つめ、日の浅い夫婦は向かいあって座り、おたがいを見つめる、と言われています。向かいあう場合、女性は必ず奥の壁側に座ります。美しい景色や周囲をよく見渡すために、男性は相手の女性だけを見つめるために。

古今東西、男性たちにとってもっとも効果的なデートの申し込み方は、食事に誘うことでしょう。美味しいワインとそれに合う料理、楽しい会話があれば二人の距離は一気に縮まります。

女性は、待ちあわせ場所に先に来て、笑顔で迎えてくれる男性に安心感以上の感情を抱くでしょう。その日最初に見る彼の表情一つで、デートへのモチベーションが変わります。

料理とお酒に関しては、先にメインを決めてからそれに合うワインや前菜、サラダなどをバランスよくオーダーします。ここは男性の腕の見せどころなので、しっかり活躍させてあげましょう。ただし、彼がいくら通であっても、勝手にオーダーするのではなく、女性の好みや希望をよく聞いてからウエイターに伝えてもらいたいものですね。

楽しい会話は二人でメニューを相談するところから始まります。女性のほうが生来話し好きですが、男性も自分の話を聞いてもらうと尊重されているように感じます。聞き上手というのは簡単になれるものではありませんが、実は、話すだけがコミュニケーションなのではなく、聞くというコミュニケーションもあるのです。

ここで、一つアルコールに関するトリヴィアを。

イギリス・グラスゴー大学の心理学者、バリー・ティー・ジョーンズ氏によると「適度なアルコールは人間の魅力を25パーセント高める」とのことです。

初デートで飲みすぎて、彼女にタクシーに放り込まれてしまったというのは論外ですが、それにしても、なぜ人間はアルコールによって魅力が増すのでしょうか。アルコールは脳の「前頭葉（羞恥心などを司る）」の働きを抑制し、「積極性」に関係するリンパに刺激を与えるそうです。それにより、心が適度に解放されて「自分らしさ」をとり戻すのでしょう。

さて、女性が先に帰る場合、タクシーを使うならタクシーをとめて乗るまで見送ってくれる人、女性が酔ってしまったときは、家まで送ってもいいか了解を得てから送り届けてくれるような人ならいいですね。

# 57

# 運転で見抜かれる男たち

今の時代の男っぽさのシンボルは車、しかしその男っぽい運転は毎年数千人の死を招いている。

――ミシェル・トゥルニエ（フランスのサッカー選手）

運転中の態度で、その男性の器量がわかってしまうときがあります。

無駄にクラクションを鳴らす、舌打ちをする、罵声を浴びせる。そのようなイライラした態度を見せると「短気な男」と評価されても仕方ありません。

やたらエンジンをふかす、気ぜわしく車線変更する、スピードを出す（女性にとって最悪です）。そのような荒っぽい態度を見せると「乱暴な男」と判断されます。

女性はわかっています。男性にとって車は単なる移動手段ではなく、パワーや社会的成功の延長線上にあるものだということを。だからこそ落ち着いて冷静に運転しているかが気になるのです。

見栄のために高級車に乗っている男性を、魅力的と感じる女性はどれくらいいるでしょう。多くの女性は、清潔な車で快適なドライブができれば、それで満足なのです。エンジンやハンドル、ギアの話も必要ないですね。

近頃、ロンドンでは、オープンのミニクーパーでチャーミングに街を駆け抜けるスタイリッシュなジェントルマンが増えています。

# 58
# 素敵なドライブ

親切とは、愛情を小さく一息ずつ吐き出すことです。

——（ことわざ）

男性は、女性が安全に快適にドライブを楽しめるように十分な配慮をしてほしいものです。

清潔な車内、心地いい温度は基本です（男性はエアコンを利かせすぎると女性は思っています）。

BGMについては、チョイスするとき、事前に好みをリサーチしてくれると気持ちは盛り上がります（嫌いな音楽よりは静寂のほうがましです。うるさい音楽では会話で声がかれてしまいます）。簡単な食べ物や飲み物といった心づかいもうれしく感じます。

女性には、ナビゲーターになれる人とそうでない人がいます。

女性は男性よりも文字や言葉、色や匂い、感触に敏感です。その理由は、男性よりもテストステロンが少なくエストロゲンが多いからだそうです。とくにエストロゲンが多い女性は、運転が苦手だと言われます。そういう女性は、男性よりも方向感覚を持ちあわせていません。生まれつき空間認識力が未発達とも言えます。だから一般的に女性たちは地図を読むのが苦手で、標識に沿って回転させているうちにますます混乱してわからなくなるのです。

また、多くの男性は1秒でも早く、1メートルでもショートカットして目的地を目指しますが、その行為が裏目に出て道に迷ったり想定外の渋滞や事故に巻き込まれたりすることもあります。

女性はたとえ遠回りでも、長時間かかっても安全で快適なドライブを望んでいます。

# 59 同じ歩調で歩いてくれる人

「お元気ですか?」と聞かれたら「悪い夢のなかにいるようだ」と答えないで、どんなときも「ファンタスティック」と答えてほしい。

――スチュワート・ワイルド(アメリカの哲学者)

「女性を守る」という男性の伝統的なマナーがどんどん失われています。昔の日本では、男女が道を歩くときに手をつなぐ、肩を組むというのはタブーでしたが、腕を差し出すのは礼儀として許されていました。それはハイクラスな男性のマナーです。

男性が車道側を歩き、障害物や危険な状況があれば女性をかばい優しく手を引くというのは変わりませんが、現代のマナーは女性に歩調を合わせ並んで歩くことでしょう。

女性はパンプスやサンダルなど歩きづらい靴をはいていますので、男性が歩くスピードを落としてほしいと思っています。

女性は「大切にされている」「守ってくれている」と感じることで、心地よさや満足感を得てその男性に信頼を寄せるのです。

マナーを守れるということは、心に余裕のある証拠です。余裕があれば、「お元気ですか?」と聞かれたとき相手もうれしくなるような返事ができるのです。

# 60 女性がケチを嫌いな理由

ダンディのいちばん美しい成功のもとは、お金ではなく時間の使い方。ダンディはお金にがんじがらめになっているブルジョアたちを見下げる。ダンディの美しさはダンディのお金で買った自由なのだ。

——ミシェル・オンフレイ（フランスの哲学者）

原宿に「コンドマニア」というコンドーム専門店があります。このお店の前を通るとき、いつも一つのエピソードを思い出します。

使用済みのコンドームを捨てようとした女性に向かって、「もったいないから洗ってもう一度使おう」と提案したドケチの男性がいたそうです。あきれた彼女は「二度と使えないように」そのコンドームにハサミを入れ部屋を出たそうです。

私の知人の夫もドケチでした。お城のような豪邸に住んでいるのに、出費は1ヵ月家族5人で10万円。そこから食費、娯楽費、被服費、病院代、習い事までまかなっています。おまけに義母も同居して6人になっても生活費は変わらずでした。

彼の趣味は「預金通帳をチェックすること」と「実家の資産を守ること」です。しっかり者という見方もできますが、おつきあいは最低限。旅行や外食もほとんどなし。自分にケチるのは結構ですが、妻や子どもにまで不自由を強いるのは思いやりに欠けます。預金残高さえ増えれば、家族に迷惑をかけても平気なのでしょう。妻としては、常に損得勘定でものを考える夫を「歩く万札」とあきらめるか、人生を仕切り直すか、いつか決着をつけるときが来るかもしれません。

ケチと倹約家は違います。倹約家は目的があります。そのため、無駄使いはしませんがお金をしっかりコントロールして、いざというときは太っ腹と言える使い方をします。家族と自分の将来を考え、節約しながら計画的にお金を管理しています。

たとえば、倹約家である知人は、周囲へのサプライズも忘れませんでした。妻に花を贈ったり、子どもを山や海に連れていったり、友人をホームパーティーに招待したり、楽しむときには惜しみなく、メリハリのあるお金の使い方をしています。

ケチな男性はお金をいっさい使わない、あるいは自分の趣味や娯楽のためだけに使います。あとは、すべて割り勘にする、安物ですます、支払うときにタイミングよく席を外す……。

女性はケチな男性が大嫌いです。上司や会社持ちの飲み会には参加するけれど、自腹の食事会にはほとんど姿を見せない、冠婚葬祭にも極力不参加を決めこむ。倹約家ならともかく、そういうケチな男性と人生をともにするにはかなり勇気がいると女性は思うでしょう。

# 第5章

# エレガントに生きる

*of*

*ove*

# 61 雑踏のなかでも振り返ってしまう人

不思議だ、ベスト以外に目もくれなければ、そのベストをゲットできる。

――サマセット・モーム（イギリスの作家）

女性だから、なおのことわかるのかもしれません。

誰もまねできない個性的で魅力的な男性になりたいなら、いい趣味と、多少のオリジナリティ、そしてシンプルさを持つこと。

プレスをきかせたパンツにシンプルなシャツ（格好つけすぎのダンディっぽいものやエキセントリックな趣味のものは避けて）。ただ、ディテールにだけは気をくばり、「なにかが違う感」が出せればもっとほかの人に差をつけることができます。これで、ナチュラルでエレガントなスタイルの男性の完成です。

男女の別なく、クラスというのは一線を守っているかというところに表れます。スポーティ、トレンディ、クラシック……どんなスタイルでもエレガントに演出するには、堅苦しくなりすぎず、くだけすぎないこと。

もっと大切なのは、パートナーと出かけるときは必ず相手のスタイルに合わせることです。女性がワンピースにハイヒールなら、男性はジャケットにスラックス。カップルらしさを出せるでしょう。


私の考えるエレガントな男性とはトム・フォードです。グッチグループやイヴ・サンローランなどのクリエイティブディレクターを務め、近年、映画監督としても高評価を得た人物。

もし彼と、ニューヨークの雑踏のなかですれ違っても、きっとすぐわかります。なぜか……彼の強烈な個性がにじみ出ているからです。フォーマルなタキシード姿でもラフなジーンズ姿でも彼のマインドや生き方が、顔つきやたたずまいから匂い立ちます。エレガントな男性とは着るもののファッション性ではなく、その人が身につけるからエレガントになるのです。

女性ならファッションモデルのケイト・モス。彼女がパンクファッションに身を包めば女性たちはそれを真似、シャネルのジャケットにマイクロミニを合わせればそれが新しいスタイルになるのです。

その人らしさが際立つシックな装いに、女性はエレガントさを感じます。

# 62 エレガントな動作の秘訣

あとでという道を選べば、決してという広場に出る。

――セネカ（古代ローマ時代の哲学者）

エレガントに動くためには自信を持つこと。そのためには「自意識を捨てる」ことです。これは「言うは易く、行うは難し」です。

よい方法があります。それは考える前に行動を起こすことです。「考える」という行為は自分が中心です。今を生きましょう。今やるべきことをやりましょう。考えずに自然に行動するのです。

もし、カクテルパーティーで隣の人のグラスが空になっていたら、すぐに注ぎ足すか新しいものを運んできてあげましょう。それぞれの瞬間にサッカーの試合と同じように生き生きと集中してください。自分の頭のなかではなく、外部のものに気持ちを集中するのです。

日常の小さな動作から意識しましょう。

- ✓自分の顔や身体、髪の毛をひんぱんに触らない。
- ✓変な表情をする癖をつけない（答えられない質問でも首を傾げたりしない）。
- ✓乱暴に座らず、静かに腰掛けましょう。
- ✓歩きながら腕を大きく振らない。
- ✓足を引きずるような歩き方をしない。
- ✓極端な内股や外股に注意して、まっすぐに歩きましょう。

63

# 自分を受け入れて

男たちを顔つきだけで判断することはできない。

——マーティン・ル・コーズ（フランスの作家）

A型、O型、M型……血液型ではありません。O型は別名ザビエル型と言われる脱毛のタイプで、A型は額、O型は頭頂部、M型はこめかみから薄くなっていくそうです。

年齢に関係なく〝おさびし山〟になる男性はたくさんいます。「俺もついに……」とワカメをせっせと食べ、高級な育毛剤を買い込み、頭皮をごしごしマッサージし始め、地肌ごと黒髪スプレーで染めてカモフラージュする猛者《もさ》もいます。

高額な費用をつぎ込み、由々しき事態に立ち向かおうとしたO型とM型のミックスタイプの男性もいましたが、効果のほどはジャッジできませんでした。なにごとも努力は必要ですが、女性はスキンヘッドの男性にも魅力を感じるものです。

男性諸氏のあまりお好みでないドラマ「SEX AND THE CITY」に、世界中の女性が夢中になりました。主役の女性4人それぞれの恋愛模様が、女性たちの共感を呼んだのです。そのうちの一人、ハイクラスのお育ちでおしとやかなシャーロットの旦那様はチビ・デブ・ハゲと三拍子そろった男性。でも、シャーロットはお金持ちのプレイボーイたちよりも彼を選びました。彼は誰より知的で優しく、セックスが上手だったから……。

アメリカのある俳優は、「神は、男たちの鼻が高くなりすぎないようにハゲを与えた」と言いました。ブルース・ウィリスやユル・ブリンナー、彼らのカリスマ性、個性、深み、知性は毛髪など超越しています。

女性なら、ジュリア・ロバーツの大きな口、バーブラ・ストライサンドの大きな鼻、若いころ彼女たちにはそれが大変なコンプレックスでしたが、逆に、そのコンプレックスから得たものも大きかったことはご存じのとおりです。

# 64

## 格好つけないから格好いい

最高の男はときどき自分を忘れている。

――ウィリアム・シェイクスピア（イギリスの劇作家）

格好いい男性は、自分が格好いいことに気づいていません。逆説的ですが、格好つけないから格好いいのです。どんなにいい男でも〝自画自賛〟はいただけません。

日本では、学生時代にモテる女の子はクラスで1番の美人ではなく、3番目くらいにかわいい子だそうです。親しみやすさもあるでしょうし、自分のチャームポイントが、容姿ではないところにもあると思っているというのは幸いなことです。

人間はなにかに夢中になると自分を忘れます。真剣にプレゼンにとり組む、汗を流し必死にボールを追う、そこに自意識の入り込む余地はありません。だから人の心をつかんだり感動させたりするのです。コンプレックス（自意識の裏返し）を忘れて、ユーモアを使いましょう。自分が笑えばまわりの人々も笑います。

石ちゃんの愛称でおなじみの石塚英彦さん。デブタレと呼ばれていますが、彼の食べっぷりを見れば、そんなことは関係ないくらいユーモラスで愛嬌があふれ、幸せが見ている側にまで届きます。デブというマイナス面など微塵も感じさせません。体型を逆手にとり視聴者を楽しませたい、という彼のサービス精神が画面を通して伝わってきます（しかし、彼が健康的にダイエットしてくれることも望んでいます）。同じように、決してハンサムではないのにもてる男性がいます。そんな男性は例外なくユーモアのセンスを持った人たちです。

真面目すぎる男性を女性は退屈と思います。自分を忘れ相手を楽しませ、一緒に笑い、サプライズを演出する。そんな男性は誰より素敵です。

女性にもてる男性は、決して若い男やハンサムな男ばかりではありません。トム・ハンクス、ミック・ジャガー、ショーン・コネリー……。

# 65

# うるさい男・もの静かな男

ジェントルマンとは、ジェスチャーなしにソフィア・ローレンの魅力を語れる男。

——ミシェル・オーディアル（フランスのシナリオライター）

男性の聴覚は女性より不都合です。だから男性はバイクや車のエンジン音などうるさいものが大好きです。

逆に、女性の話を聞くのはつらく、とくに小さな声の女性の話を聞くのは苦手なようです。ほとんどの男性にとってソフトな音をキャッチすることは困難です。

テストステロン（男性ホルモン）の少ない男性ほど、静けさやソフトな音を好みます。女性は、うるさい男性よりもの静かな男性に惹かれます。ジェントルマンはそれを知っているので（ジェントルという単語はソフトという意味）、常にソフトでいられるように心を鍛えます。

ジェントルマンの教育には、音を立てないというのもあります。決して派手なジェスチャーはせず、彼らはいつももの静かです。日本の女性も以前は静かな立ち居振る舞いを教えられてきましたが、今はどうでしょうか。ジェントルマンなら、こんな注意をします。

✓ 自分の身体をボキボキ鳴らさない。
✓ 大声でおしゃべりしない。
✓ 大笑いしない。
✓ ドアの開閉は静かに行う。
✓ 話しながら大げさなジェスチャーをしない。
✓ 貧乏ゆすりをしない。

✓足音を立てずに静かに歩く。

✓まわりに聞こえるような大きなため息をつかない。

✓扇子を使うとき、やたらバタバタさせない。

私にとってパーフェクトなジェントルマンですか。石坂浩二さんです。私の好きな男性ですか？　みんなといるときも私にだけわかるようにひそかにウィンクしてくれる人。女性なら誰もこんなロマンティックでキュートな男性が大好きではないでしょうか。

# 66

# 会話以上に男性自身を語るもの

つまらない男は自分の話しかしない。おしゃべりな男は他人の話しかしない。そして知的な男は貴女の話をする。

——マルセル・パニョル（フランスの作家）

〝自分中心〟の男性とはどのような人を指すのでしょうか。

みんなの注目を集めようと一生懸命に自己アピールする人。いくら輝かしいとはいえ自分の出身や経歴などの自慢話、自分の専門分野の話を得意げに語る人も〝自分中心〟です。

確かに男性には自信が必要ですが、女性は〝うぬぼれ屋のナルシシスト〟は好きではありません。ジェントルマンとは相手に興味を示してあげられる人です。

そして、女性はおしゃべりが大好きです。思う存分おしゃべりさせてくれる男性に好感や信頼感を持ちます。女性は男性が、自分の話を聞かせたり、ジョークを言ったり、マジックを見せてくれるより、話を聞いてくれることに愛情を感じるのです。会話の主役は女性、と心得ている男性その人についてもっと知りたくなるでしょう。

女性から見て、男性のしぐさでもう一つ大切なことはジェスチャーです。視線、姿勢、声のトーンは会話の内容以上にその人自身を語っています。それは女性にとって言葉よりずっと大切なことです。

ジェントルマンは女性たちが「自分の魅力に気づいていない男性を好む」ことをよく知っています。誰しも自己アピールしたい気持ちはありますが、それがすぎると鼻につき始めるのです。

女性が生返事をしたら、間違いなく退屈している証拠です。

# 67 本当のインテリジェンス

小話と格言はハイクラスな男の宝物。
――ヨハン・ヴォルフガング・フォン・ゲーテ（ドイツの詩人）

〝インテリジェンス〟という抽象的なものを評価するのは至難の業です。よく勉強して多くの知識を持っていることも、楽しい話を瞬時にクリエイトできることも立派な〝インテリジェンス〟です。

特別に頭を働かせなくても、これまでの知識の蓄積で、的確な素晴らしいことわざがポンと出てくる、あるいはベストタイミングを見極めながら、覚えたてのことわざをネタにする、どちらも上等な〝インテリジェンス〟です。

そして、ジェントルマンは想像力豊かでフレッシュです。あるとき彼は、サプライズを周囲に提供します、大喜びさせます。またあるときは、とても真面目に語ります。新しい情報収集を怠らずいつも話題が豊富です。

ささいな経験（街で出会った人、ペットの行動など）や失敗談も、彼にかかればおもしろおかしくプロデュースされます。彼本来の明るさで堅苦しさは消え、その場にいるみんなの気持ちが柔らかくなります。

女性は明るい人に知性以上のものを感じます。

# 第6章

# 素敵な男性とは

68

# 男の外見

人間の真の完成とは、その人が所有しているものではなく、その人自身のなかにあるものだ。

——オスカー・ワイルド（イギリスの詩人・作家・劇作家）

人間は誰しも生まれるときにはなに一つとして選ぶことができません。国籍、性別、瞳の色、家柄……。

自分で選べることがあるとすれば生き方でしょう。自分はどんな人間になりたいのか、どのように生きたいのか。それだけは生まれながらに恵まれている人もそうでない人も、平等に自分自身で決定することができます。

なにもなくても目標を定め強い意志で努力を重ねれば、自信を持って生きることができます。目標と言っても難しく考えることはありません。「自分から先に挨拶をする」とか「人の悪口は言わない」とかそういうささいな（でも大切な）ことでよいのです。小さなことでも貫き通せばそれはあなたの財産になります。チャーリー・チャップリンの言葉のように「人生に必要なのは勇気と想像力とほんの少しのお金」なのです。

とはいえ、「いきなり人生や生き方と言われてもハードルが高すぎ」ですね。では、手始めに身だしなみを整えることから始めてはいかがでしょうか。女性は、毎日お化粧のために鏡を見ることで自分を第三者の目でチェックしています。ダンサーやアスリートも、鏡の前で全身をチェックする大切さを知っています。

男性が「男は外見じゃない」と反論したところで、外見にはその人の知性や教養、生き方や考え方までもが可視化されてしまいます。この章では、女性を代表して、私にお伝えできる男性の身だしなみについてのアドバイスをまとめてみました。

69

# パーフェクトな歯と笑顔

怒るより、笑顔を選ぶ人が最後に勝つ。

——私の祖母

女性から見て、ヘアスタイルよりもファッションよりも、パーフェクトな歯と笑顔は男性を格上げします。もし貴方が歯に問題を抱えているなら、お金と時間をかけてすべて治療しましょう。プロによる定期的な歯のクリーニングは口臭予防にもなり、口元の自信につながります。毎日のていねいなブラッシングも欠かせません。

魅力的な笑顔と態度は、その人にとって最高の価値です。自分の機嫌はまわりと呼応します。自信を持って笑ったり話したりしましょう。

# 70 男の爪

うまく話すことは、パーフェクトネイルと同じくらい大切です。

――マルセル・プレヴォ（フランスの作家）

男の爪のルールはたった一つだけ。短く切りそろえること。とても短く。

会社の人事担当者と女性が男性を見る第一のポイントは、爪と靴だと言われます。

甘皮の処理をすればパーフェクトですが、女性のように細かなお手入れは必要ありません。入浴で甘皮が柔らかくなっているときに、爪の生え際にそって軽く押し上げるだけで十分でしょう。

足の爪も忘れずに短くしておきましょう、彼女にいやな思いをさせないために。

# 71 大人の男の髪と眉

神はあなたに顔を与えた、将来はまた別の顔を与えるだろう。
——ウィリアム・シェイクスピア（イギリスの劇作家）

女性は不潔な男を嫌います。どんなにハンサムで性格がよくても、清潔感のない男性はアウトです。女性は、汗臭い身体や汚れた髪の男性と「一緒にいたくない」と感じます。貴方は完璧に清潔を心がけましょう。デート前には必ずシャワーを浴びて髪を洗いましょう。これだけでも清潔感がワンランクアップします。

定期的に美容院にも行きましょう。洒落たヘアカット、清潔なシャツ、磨かれた靴はジェントルマンのシンボルです。

男性なら、どんなに気になっても白髪染めはやめておきましょう。中年の茶髪は軽く、安っぽく見えてしまうことがあります。逆に、生え際がどんどんシルバーに変わっていく様子は、とてもセクシーで本物の男を感じます。

髪のボリュームアップのためにツンツン立てたタンタンヘアも、大人にはふさわしくありません。あれは一部の若者たちのスタイル。貴方の髪にボリュームがなくなってきてもそれだけのことです。自分をごまかしたところで解決しません。将来に向かって刻々と変わっていく容姿を、潔く受け入れるエレガンスを持ってほしいと思います。

また、男っぽさを出すために眉毛を整える人がいますが、女性にはかえって不自然に見えます。太くて濃すぎる場合は、はみ出している部分をカットしてナチュラルに仕上げましょう。ファンデーションやアイクレヨンを使ったメイクも男らしくありません。

鼻毛のチェックも忘れずに。

いつの時代も女性は、等身大の男を望んでいます。女のように美しい男ではなく、自分の身体に自覚と責任を持っている、清潔な男性を求めています。

# 72 肌とヒゲの魅力

ヒゲなし男とのキスは、胡椒なしのステーキと同じ。

――（フランスのことわざ）

自分の肌をケアするのは男性として当然ですが、やりすぎは禁物です。男性のお肌は清潔第一です。

男性はメイク用品や基礎化粧品をあまり使わないので、女性より比較的肌がきれいです。スキンケアは朝晩のソープ洗顔だけで十分ではないでしょうか。しっかり汚れを落とせば、皮膚から天然のクリームである皮脂が分泌されます。乾燥がひどい場合はスキンクリームで保湿してください。また、毛穴に汚れがたまったイチゴっ鼻は女性の目を釘づけにします。対策のため泥パックをお願いします。

シワは、積み重ねてきた経験や苦労の証です。いくらアンチエイジングとはいえ、ボトックスやヒアルロン酸の注射やシワに効くクリームは、男性に使ってほしいとは思いません。年齢相応の深みが加わった笑顔に、女性はとても好感を持ちます。欧米の男優が、中高年になってますます支持されているのはご存じのとおりです。

個人差はありますが、一般的に女性はヒゲ面を好みません。爽やかさに欠けますし、熊男とのキスなど想像もしたくないでしょう。フランスの一部の男性は、おしゃれのために、ジャスト3ミリの長さになるようヒゲの手入れを行います。長さや形にこだわった清潔なヒゲならばギリギリ許せます。ビジネスシーンでは、わざわざヒゲで自己主張しなければならないというのでない限り、仕事上マイナスの印象を与えるので控えたほうが無難です。

余談ですが、私はキレイに整えられた長いもみあげが大好きです。そこからもっともその男性らしい香りがすると言われているからです。

# 73

## 香りの相性

キスされたいなら、いい香りをまとうこと。

――ココ・シャネル（フランスのデザイナー）

よい香りがただよう男性は文化的な人間です。彼は明るく社交的なタイプ。

男性たちが考えている以上に香りは重要です。ある香りは頭痛を誘発します。自分好みの香りは、ずっとあとをつけていきたくなります。

女性は、どんなにいい男でも、自分好みの体臭を持たない男性と結ばれることはありません。ラオスにはこうした風習があります。家族が結婚するカップルをつれてある老婆のもとに出向くのです。老婆は二人が将来うまくいくかどうか、額の匂いで判断します。もし、その匂いが合わないときには、「この結婚は成功しない」と告げます。

香りに関して男性は二者択一、つけるか、つけないか。香りにタブーはありませんが暗黙のルールはあります。それは量を加減して控えめに香らせること。

一般的に男性には、フレッシュな香りか白檀の香りが似合います。アラン・ドロンはクリスチャン・ディオールの「オーソバージュ」を愛用していました。控えめで清潔感のある香りなので、どんな男性も失敗なく使いこなせるでしょう。アザロの「クローム」も落ち着いた爽やかな香りです。

ジェントルマンなら自分の香りを持ちましょう。ただし、香りのスプレーは2回まで。香らせすぎは禁物です。

# 74 ピエロの格好と美しい洋服

きちんとした服装の人は立派な人、尊敬される人です。

――ジーン・コート（カナダのジャーナリスト）

美しい洋服を着ると、誰もがいい気分になり、立ち居振る舞いまで変わります。ずっとピエロの格好をしていれば「自分は笑いものにされている」と悲しく感じます。よれよれの洋服を着ている人は、どんなに優秀でも立派には見えないものです。洋服について少しアドバイスさせてください。

✓男性は大きめサイズを選ぶ傾向があります。ジャストサイズを選んで身体のラインを見せましょう。

✓まずはシンプルを基本にするとエレガントに見えます。金ピカのアクセサリーやロック歌手まがいのベルト、そしてピアスもやめましょう。

✓ブランドスニーカーにロゴ入りTシャツのスタイルは、そろそろ卒業です。それ以外のカジュアルスタイルを磨きましょう。

✓しわしわの服やパンツのプレスが消えているのは、不潔なイメージを与えてしまいます。

✓アンダーウェアはあくまでアンダーウェアです。ランニングシャツをTシャツ代わりにすることはやめましょう。

✓違うスタイルをミックスしないように（たとえばカジュアルなポロシャツにドレッシーなスラックス）。

✓店員の言うことを鵜呑みにしないことです。超一流ブランドでも、売るためにお世辞を言います。

✓ネクタイ、ベルト、ポケットチーフといったディテールにもこだわりましょう。

✓ハイクオリティのものをチョイスすること（ライン、素材、色）。結果的には活用度が高く長持ちして節約になります。

✓ブランドに固執しないこと。たとえドルチェ&ガッバーナのものであっても必ず自問してみましょう。「これがノーブランド品だったら買うだろうか」と。

# 75

# 磨かれた靴

私たちは靴を見ればその人について多くを語ることができる。彼らはどこに行ったか、どこに行くのか。

——ロバート・ゼメキス（アメリカの映画監督）

靴と鞄は男のクラスの象徴です。磨かれた美しい靴を一足、必ず持っていてほしいものです。また、靴は、企業の人事担当者や女性が最初に目をやるポイントです。

昔から多くの女性が憧れる制服姿の男性……、その足元（靴）は完璧なはずです。

軍隊では汚れた靴は許されません。アメリカの軍人はリタイア後もある習慣を頑なに守りぬきます。それは靴をピカピカに磨くことです。

76

# 貴方の靴下について

贅沢は金銭の関係、エレガンスは教育の関係。

――サーシャ・ギトリ（フランスの俳優）

男性たち、その問題はよく知っていますよね。会社に遅れそうになった朝には、そろった靴下を見つけることさえ困難なことを。そこで、妻に八つ当たりする姿が目に浮かびます。彼女がユーモアあふれる人なら、夜、帰宅するとこのような置き手紙があるでしょう。

「今朝の貴方の哲学者っぽいイライラについて、私は1足ずつ集める時間を作りまし

た。今、貴方が持っているのは、

✓色つき靴下21足（緑、茶色、グレー、ベージュ）

✓白い靴下9足

✓ばらばらの靴下7足

それ以外の1回はいた靴下、砂やゴミの入った靴下、丸めた靴下を私はパスしました。そのほかに洗濯かごから青っぽいものや黒っぽいものを3足見つけました。お願いだから3足の靴下のために洗濯しないことを許してください。今度洗いますから。

さて、今後の警告です。

✓白い靴下は白いスニーカーのためのもの（貴方は白いスニーカーを持っていないでしょ）。足首までのソックスはジョギングのためのもの（第一男っぽくないでしょ)。まだヒゲも生えない男の子のような白い靴下に、革靴の組み合わせはやめて。

✓ 誰かに命令されない限り、派手な色の靴下ははかないこと。

✓ はき古した靴下や変色した靴下は、すべて捨てるべきでしょう。でもその判断は貴方におまかせします。

✓ 靴下らしい靴下を自分で買ってください。スポーツのための靴下、革靴のためのダークカラーで無地の靴下。それは貴方の持っているグレーのパンツにもよく似合うと思うわ。チェックの靴下や小さなラビットの柄がいっぱいの靴下とはさっさとお別れしたほうがいいわ。

では。」

# 77 メガネというアイデンティティ

人はそれぞれ自分のメガネでものを見る。

――（フランスのことわざ）

XK―SSジャガーに乗り、折りたたみのペルソールのスティーブ・マックイーン、木製の黒のフレームのイヴ・サンローラン、べっ甲メガネの男として知られていたハロルド・ロイド、80年代のインテリ気取りのウッディ・アレン、ウェイファーラーのボブ・ディラン……メガネを替えたいのならロールモデルはたくさんいます。

近年、メガネというものは必須アイテムというより、かける人のアイデンティティになりました。視力を矯正したり、紫外線から目を守ったりという本来の役目はすでに過去のものになりつつあります。今はかけ心地を重視しつつ、イメージアップのためにメガネやサングラスを着こなし、それぞれの個性を表現する時代です。

はじめに紹介したとおり、古くから多くの有名人たちがメガネを自分のトレードマークにしています。眉とともに顔の額縁のような存在のメガネ。まわりの人からどのようなメガネ（物差し）で見られるか、ときには第三者的に考えたいものですね。

# 78

## ナイロン製のバッグ

クラスを持っている人とお金を持っている人は違う。
——アン・ランダーズ（アメリカのコラムニスト）

日本のビジネスマンは、本当にどんどんエレガントになってきています。洗練されたスーツ姿は、まるで青年実業家と思えるくらいグッドテイスト。

しかし、あるものでそうではないとわかります。それは鞄。いくらハイクオリティなものでも、彼らが持つ軽いナイロン製や合皮の鞄、ストラップや金具をたくさん使ったバッグはスーツに合いません。セオリーを知ることでセンスは磨かれます。革の質や仕上げのよさにこだわったハンドメイドの鞄を手に入れましょう。

# 79 時計やネクタイのポリシー

人間は自分に自信を持つことに価値がある。

――フランソワ・ラブレー（フランスの作家）

美意識の高い男性ほど、ネクタイやベルトなどの小物に手を抜きません。ジェントルマンなら、流行に媚びすぎないオーソドックスなスタイルを貫きましょう。

それは、吟味されたスーツに違和感なく溶け込む「渋いが地味すぎない趣味のよいネクタイ」「シンプルで上質なベルト」です。

時計はあまりに派手すぎるもの、目立ちすぎるブランドもの、トレンドの先端をいくものは避けましょう。よい時計は控えめな美しさを放ち、身につけたときに高揚感を感じさせるクオリティを持っています。時計に詳しくなくても、身につけているものでその人のクラスが垣間見えます。

それから、貴方は高校生ではありませんね。携帯をジャラジャラ飾るのはやめて良質な革のストラップだけにとどめておきましょう。

傘は大きいほどよいでしょう（コットン製のこうもり傘は英国紳士のシンボルです）。女性の大切なハンドバッグや洋服を雨から守れるような、大きな傘を持ちましょう。

# 第7章

# シンプルな約束

ualit

of

# 80

## 女性の服が多くても許す

美しさは目に気持ちよく、甘美さは心を魅了する。

――ボルテール（フランスの作家）

同居するパートナーの洋服のストックを見て、男性は、「信じられない……」ではなく「多いもの」と認めなければなりません。自分の洋服を減らしワードローブの4分の1に納まるようにコントロールするしかないでしょう。

女性たちの「着る服がない」という気持ちは、女性でなければ永遠にわからないことですから。

男性は、1週間の出張なら着替えを4~5日分しか持っていかないでしょう。もっと少ない人は同じ洋服を複数回着まわします。

女性は1週間のために2週間分持参します。どんな天気に見舞われるか、旅先でどんな気分になるかわからないですし、日中とディナー、観劇など1日に2〜3回着替えをすることもあります。

毎日のヘアケアやスキンケアのアイテムも同じです。シャンプー、コンディショナー、トリートメント、ヘアミストなど最低2〜3種類は持っています。さらに、ローションパック、美容液、デイクリーム、ナイトクリーム、アイクリームなどキリがありません。女性のバスルームの平均アイテム数は437個と言われています。

私も以前は多くのものに囲まれて暮らしていました。ですが、試行錯誤しながら持ちものを減らし始めると、自分になにが必要か、自分のスタイルとはなにかが見えてきました。それは同時に、ものに振り回されない自由な生き方ができるようになってきたということです。

女性が、洋服をはじめとする身の回りのものを見直すというのは、心の整理、生き方の選択につながります。ワードローブがすっきりするよう祈っています。

81

# 洗面所は盲点

清潔さは魂の潔白さだ。

——モンテスキュー（フランスの啓蒙思想家）

カップルで暮らし始めると、女性はストレスをためるより、あきらめたほうが早いと思うことがたくさんあります。しかし、なかにはどうしても理解してほしいと思うこともあるでしょう。

男性は女性より繊細さに欠けることがあります。それは「もっと大きなこと」に意識が向いているからかもしれません。

逆に、女性は細かいことに関心を持ちます。家庭内の家具や装飾品といったインテリア類、整理整頓や清潔さに目を配ります。

一緒に暮らすためにはおたがいの妥協が欠かせませんが、男性には、女性の家事のセンスを信頼してもらい、女性が「やって当然」と考えることには従ってもらったほうが生活はうまくいきます。

たとえば、髭剃りやスタイリングのあとに、洗面所にヒゲのかすや毛髪を残したままにしない、歯磨き粉や整髪料のキャップは必ずしめる、鏡に点々と飛び散った歯磨き粉や洗面ボウル周辺の水滴は拭きとる、使用後のタオルはもとのタオルハンガーにかけておく……、これらは、男性が予想する以上に女性にとってうれしい行為だと伝えましょう。

# 82 トイレの法律

妻と私は家庭内の仕事を公平に共有している。
私が汚して彼女がきれいにする。

——フィリップ・ゲラック（ベルギーのコメディアン）

インターネットで見たある女性の書き込みです。
暗闇のなかでトイレに座った途端に、冷たい便器が彼女の下半身を襲いました。なぜ、彼は便座を戻していないのか。彼女はキッチンに行きお鍋の蓋を2枚手にとり、彼のベッドルームに向かいました。寝ている夫を驚かせるために、突然枕元で鍋の蓋を打ち鳴らしました……。

彼女の行動は極端なようですが、おそらく夫の度重なる失態に怒りが爆発したのでしょう。

トイレのマナーは世界共通の男女間バトルの原因です。なぜ男性は使用後の便座をもとに戻しておかないのでしょうか。女性がうっかりそのまま座ってしまおうものなら大変です。しかし、彼にすれば便座を戻すなんてほんの1秒ですむことに、なぜ彼女が怒っているのか理解できません。

この由々しき事態を打破するためにも、便座に座って用を足してもらいましょう。「そんなことするなんて男の沽券にかかわる」日本の男性はそう考える人がまだ多いようですね。

ほとんどの女性は、酔っ払って帰宅した男性の滝のようなお小水の音を聞きながら四方に飛び散った飛沫の後始末のことを考え、憂鬱になっています。パートナーを思いやる気持ちが日本のトイレ文化を高めることにつながります。ちなみに、北欧のスカンジナビアでは座って用を足すことが合法化されたそうです。日本の統計では、男児の25パーセントが便座に腰掛けて用を足しているということです。

# 83

# 男は家事が苦手な生き物

今いるところで、今持っているもので、
あなたができることをやりなさい。

――セオドア・ルーズベルト（アメリカの第26代大統領）

女性は、男性が自分と同じように〝家〟を大切にしてくれないと、不安にかられます。「彼に愛されていないのでは」と思うこともあるでしょう。

賢明な男性は、女性を喜ばせるには家事を分担することだと認識しています。しかし、なぜ家事が好きになれないのか自分でもうまく説明できません。

家事というのは煩雑で、朝だけでも、お弁当を作りながらコーヒーを入れてトーストと卵料理も準備し、その合間に使い終わったフライパンやザルを洗う。洗濯機を回しているあいだに子どもを幼稚園に送って掃除機をかけトイレを掃除し……と複数の作業を同時進行させなければ完了しないもの。

女性の脳は、一度にいくつかのことをテキパキと並行して処理できますが、男性の脳は一度に一つのことしか処理できないという特性があります。これはいい悪いではなく、向き不向きということ。一度に多くの作業をこなしながら次の段取りをしなければならない家事は、本質的に男性向きではないのでしょう。男性は家事が嫌いというより苦手なのです。だからと言って、なにもしないでいいというのではありませんが。

貴女はあきらめずに、自分の状況をわかってもらいたい、いたわってもらいたいということを、伝えつづけましょう。彼の理解が深まり、「大変そうだね、なにか手伝うよ」という一言が、貴女の心の負担を減らし笑顔を増やすでしょう。

ところで、ブラジルでは、この未来永劫のテーマについて一つの妥協策を見いだしました。家事に専念している妻は、夫からお給料をもらい自分の税金や年金を支払う制度ができたのです。日本の文化にはなじまないかもしれませんが、一つの解決策ですね。

# 84

# 力仕事に男は燃える

愛情とはなにか。それは、自分の心のいちばん大切なものを引き出して相手にあげてしまうこと。

――オムラム・ミカエル・アイバンホフ（マケドニアの哲学者）

男性は愛する女性のために、自分の価値を上げるために、いかなる障害も乗りこえることができます。男性は自分が必要とされていることや誰かに貢献することに無上の喜びを感じるのです。彼らの願いはただ一つ、「認められたい」ということだから。

男性は自分に価値がないことを自覚しているので、「自分を評価してもらうこと」をいつも求めています。自身の存在が愛する女性にとって英雄だということを、なんらかのかたちで実感したいと思っています。自分を肯定してくれているなら、キツいことにも立ち向かって自分の腕を振るいたいのです。

だから男性は部屋の模様替えや日曜大工、重い荷物（水、ワイン、お米）を運ぶなどの力仕事をまかされると俄然パワーを発揮するのです。

85

# リビングバトル

私の真実への欲求、それ自体が私に妥協の美しさを教えた。

――マハトマ・ガンジー（インドの宗教家）

リビングは家庭の公共スペースです。公園が自転車置き場でもゴミ捨て場でもないのと同じです。しかし男性は、せっかく女性がすっきりしたインテリアのリビングに整えても、そこを物置だと考えるのでしょう。

自分のゲーム機をリビングの装飾品にする。素敵な表紙の写真集の上にゲームソフトを積み上げる。その横には、新聞・リモコン・ケーブル……。

リビングのテレビも、パブリックビューイングではないはずです。

男性の脳は、狩りと戦いと家を造ることにより少しずつ進化してきたようです。女性の脳より空間、計測、方向、メカニック、もの作りの点において発達しています。だから男性はサッカーや野球、車、メカニックなどが大好きです。

彼が、自分の得意なこと（日曜大工や機器の修理など）を、貴女に一生懸命にアピールしようとするのは、精一杯愛情のこもった行為です。ところが、彼に誇れるものがなければ、自分のヒーロー像（たとえば野球選手やレーサー）を借りて、存在感をアピールしようとします。テレビの音量を上げたり、大声を出したり、突然ああだこうだと試合の解説を始めたり、周囲の人間はなにごとかと驚きます。

彼が気づいていないのは、女性は自分の夫にヒーローを求めているわけではないということです。パートナーのせいで、ワールドカップが、4年に1度でよかったと思う女性は案外多いのではないでしょうか。

# 86

# イライラする言葉

マッチョとは私のこと。私よりマッチョな男は最低です。私よりマッチョじゃない男は男じゃない。

——サンミ・チェブ・ニル（フランスでインターネットの人気者）

女性は、パートナーのこんな一言をいつもやりすごす大きな度量を持っています。

✓どうせお前にはわからない。

✓本当のことを言うと貴女は怒るから言わない。

✓（わかってないくせに）あー、わかった、わかった。

✓女が掃除するのは当たり前だろ。

✓（探そうともせず）○○はどこにある？

✓今晩のメニューは？

✓（煮物の具を見てわざとらしく）なにこれ？

✓（せっかく用意したのに）食事はすませてきた。

✓脚がチクチクするけど、お手入れしてないの？

✓えっ……、これ着るの？　イヤイヤ聞いただけ。

✓（出かける妻に）何時に帰る？

# 87

# 身体の出すいやな音

君の声が大きすぎて、私は君の言うことが聞こえない。
——ラルフ・ワルド・エマーソン（アメリカの哲学者）

身体から出るいやな音は、女性も閉口しているのです。

- ✓ゲップ
- ✓おなら
- ✓痰や唾を吐く音
- ✓うがい

✓歩くときに履物を擦る音
✓鼻をズルズルさせる
✓やたら大きなくしゃみ
✓食事やガムを噛むクチャクチャ音
✓（身体の音ではありませんが）わめきたてるような不快音を発するもの、たとえばバイク、車、モーターボートのエンジン音

男性もつきあい始めたころには決してそのような下品な音は立てません。注意すればマナーは守れるということです。でも、しばらくたつと下品な音を平気で立て始めます。なぜなのか説明してもらいたいものです。男性にとって妻とペットは同じレベルになってしまったのでしょうか。

田村正和さんが食事中に音を立てる姿は想像できません。彼は他人の前で決して食事をしないというエピソードの持ち主です。独自の美学を持ち、どんなときも〝田村正和〟であり続けます。

# 88

## 〝家族サービス〟という冷たい言葉

なぜ一般人は芸能人のスキャンダルを好むのか。僕らが夜は家族と静かにシャンパンを飲んですごすより、いつもパーティーで派手にすごしている姿を期待しているのか。

――ケビン・コスナー（アメリカの俳優）

本来、妻や子どもとすごす時間は最高に幸福でリラックスした時間のはずですが、多くの父親たちはそう感じる本能を失っています。多忙で時間がないのはわかります。会社で必要な存在だということも。ただ、家庭をかえりみなくなった男性は、家族とすごす時間を〝家族サービス〟という冷たい言葉で呼びます。

# 89
# 家庭での日本の男性

成熟した男とは、子どものころにわき目もふらず遊んでいたときと同じ真面目さを持った男である。

――フリードリヒ・ニーチェ（ドイツの哲学者）

失礼を承知で言わせてもらいますと、日本の男性（全員ではありません）は少々子どもっぽい感じがします。

子どもは欲望のかたまりで、気に入らないと大声で泣き叫び手足をバタバタさせてでも自分の要求を押し通そうとします。

未熟な男性も欲望（我）が強く我慢することを知りません。とくに家庭では「妻だから、夫である自分を理解して最優先するのは当然だ」と思い込んでいるようです。

なにもできない（しない）夫、横柄な夫、マザコン夫、わがままな夫……、相手の欠点を並べればキリがありません。では貴女は最高の妻ですか……誰もが自分への反省はないのです。

赤の他人がともに暮らすというのは、想像以上に山あり谷ありです。夫婦とは不思議なもので、おたがいに不満を感じながらも〝やじろべえ〟のような関係を保っています。やじろべえは、小さい支点の上でゆらゆらしても、両手に持った重りのお陰で倒れません。重りはその位置によって安定感が変わります。人の場合はどうでしょうか。より安定させるヒントを見つけました。

✓相手への思いやりを第一にする。

✓難しい注文や大変な仕事を押しつけない。

✓先にあやまることをよしとする。

✓恩着せがましいことを言わない。

✓「家族のために頑張ってくれている」と、感謝といたわりの気持ちを言葉に表す。

✓自分の価値観や考えは容易に相手に通用しないことを認識する。

✓自分が嫌なことは相手にもしない。

そう、自分がしてもらいたいことを先回りして〝施す〟のです。そんなあなたの変化を必ず相手は気づきます。人間の心は合わせ鏡です。不愉快な顔を見せれば相手も愉快ではありません。よい香りのなかに身を置けば、その香りが体に移るように、自分を変えれば相手も変わります。円満な家庭を築くには、想像力と努力が必要です。

# 90

## 義母と夫

母親はチェンジできないが、妻の代わりはいくらでもいる。

――（某日本人男性の言葉）

日本人にとって結婚は当人同士だけの問題ではありません。おたがいの両親、兄弟、親戚にまで人間関係が広がります。夫の両親の面倒を見るのは、私の知るところでは、アジアとアフリカだけです。

なかでも難しいのは嫁姑の関係ではないでしょうか。生き方や価値観、考え方、子どものしつけまで、ことごとく対立する可能性があります。同居ともなればなおさら深刻です。

そんなときに夫が上手に仲裁してくれればよいのですが、気づかないフリをするか、関係ないとばかりに逃げてしまいます。なかには姑に加勢するひどい夫もいるようです。こんな夫は一生母親から独立できず妻を苦しめることになります。

日本の男性は、最後まで幸せな結婚生活を続けたいのなら〝へその緒〟を自分で切るしかないのかもしれません。

最後に、息子さんを持つお母さんへ。自立した素敵なジェントルマンにするために、お願いです。欧米では、10代後半には子どもは家を出るのが当たり前です。勇気はいりますが、少し突き放して育ててみてはいかがですか。そうすれば、将来、妻の重荷になる困った夫になる確率は下がるでしょう。

# 91

## 妻に自由を

自由になるということは時間を忘れること。自分のなかに特別な世界を見つける、その世界は自分だけのもの、誰にも分け与えなくてよい。

――アリス・パリゾン（ポーランドの作家）

スパや買い物で生き生きした時間をすごした妻は、爽やかな気分で帰宅して夫に感謝の気持ちを抱きます。妻たちには自由で解放される時間が必要です。子育てを楽しむ男性も増えています。多少心配でも夫に子どもを託し、自由な時間を満喫しましょう。

女優エレン・ブスラーいわく「女性はダウンしているときにはショッピングに行き、男性たちは他国を侵略する」と。女性にとって買う行為がレクリエーションなのです。

# 92

## お金の問題で家族を困らせない

満杯の財布と、袋からあふれんばかりの小麦粉ほど近い家族はいない。

――（ルーマニアのことわざ）

〝大黒柱〟とは、家族の快適さを守ることのできる存在。借金を残したり、経済的に子どもを当てにしたりするような人間では困ります。子どもに両親の無責任さを背負わせては可哀想です。

「男性にはたとえ1円でもあげてはいけない」というのは、私の母が言っていた格言です。お金は鎧であり剣です。男性が家族を守ることは義務ではなく自然なことです。本当の〝主〟がいれば、家族はなにが起きても安心していられるから。

# 93 サクセスマリッジ

誠実さは愛です。

——スーザン・ラテル・デノアイエ（カナダの作家）

結婚……おたがい出会ったころと同じように最後まで一緒にすごせるのは、1000組に1組程度だと聞いたことがあります。

結婚生活が成功したならそれ以上望ましいことはありませんが、実は私個人としては、純粋に愛しているのであれば、結婚はあくまで紙の上の問題だと考えているのです。

かたちではなく最後まで添い遂げられるかどうかのターニングポイントは、二人が本質的な深い部分でしっかりつながることができるかにかかっています。自分以上に相手を信じぬけるか、シンプルに言えば、相手のすべてを無条件に受け入れられるか、ということです。

環境保護運動のパイオニアと言われている、アメリカのスコット・ニアリング夫妻のお話をしましょう。

夫のスコットは、母校であるペンシルベニア大学で教鞭をとっていました。しかし、40代半ばで「健康と最小限のお金だけ」を手に、都市での暮らしを捨て夫人とともに田舎に小さな土地を手に入れ、自給自足生活を始めました。反戦や社会主義の論文を執筆するかたわら石や木を拾い集めて自分たちの家を建てたり、近所の手伝いをして自由な時間を満喫しながら、二人で穏やかに暮らしていました。

やがてスコットが100歳になったころ、身体の自由がきかなくなってきたので、断食して自然に死ぬのを待ちたいと妻に告げました。彼女は日々弱っていく夫に寄り添い、手を握り最後まで見守りました。

彼らの生活は質素なものでしたが、どのようなときも相手とともに歩むことをやめませんでした。厳しい環境におかれても深い部分で共鳴していた二人は、最後まで愛しあえました。ゆるぎない信頼関係が築かれていたから、死の瞬間まで自分の意志を通した夫の希望を全面的に受け入れられたのです。よほどの覚悟がなければ、断食を見守るなど、とても難しい選択です。

この夫婦から、「相手を理解し尊敬する」ことの素晴らしさだけでなく、本当に愛しているなら自然に相手本位の行動がとれるということを教えられるでしょう。

もちろん最初から、理想のカップルが誕生するわけではないのです。時間と手間をかけて愛情と信頼を育てていきます。そのためには忍耐力と持久力が必要です。おたがい別々の人間でなにもかもが違うのだと認めたうえで、「私たちは寄り添って生きましょう」という謙虚な気持ちを持つことから始まります。

国や文化、価値観が違っても、男女のあいだにおける悩みや迷いは同じように生じます。私たちの本当の喜びとはなにか、最終的な幸せとはなにかということは、世界中であまり大きな違いはないように感じます。おたがいの意志や感情がスムーズにくみとれるようになるまで、あきらめずに歩み寄ることができたとき、その男女は本当に幸せな関係を築いたと言えるでしょう。

# おわりに

女のいない男と男のいない女は、自然でパーフェクトな存在とは言えない。おたがいに対照的であればあるほど見事な調和が生まれる。
――ベルナール・ドゥ・サンピエール（フランスの作家）

男性と女性は、同じ人間でこうも違うものかと思うほど似ても似つかない存在です。だからこそ溝を埋めるために相手を知りたいと思い、アプローチして愛しあい、最後はすれ違って別れを迎える。

ほとんどのカップルが似たような経過をたどるのではないでしょうか。

理解、許容、尊重……熱愛中は無意識に心が動きうまく回転するのですが、一定の期間がすぎるとえくぼだったはずのものが実はあばただったと気づき、許せないことが一つずつ増え、いつの間にか尊敬が侮辱に変わっていき関係が終わるのです。どこかでこのスパイラルを断たなければ、生涯「幸せな男女関係」を築くことはできません。

「彼はこんな人だったかしら？」そう感じたときが自分を変えるチャンスです。相手も同じように思いはじめているかもしれません。

すべては自分からスタートします。自分の手足さえも思うように動かないことがあるのですから、相手はあなたの思いどおりにはなりません。「言わなくてもわかっている」それはあなたの思い込みです。

まずは感謝の気持ちを伝えることから始めてみましょう。メールありがとう、ランチごちそうさま、〇〇を教えてくれてありがとう。次はほめましょう。一緒にいると楽しい、今日のネクタイとてもよく似合うわ、と。

この本の目的は、縁あって巡りあった二人が幸せに生きていくすべをお伝えすることです。相手の喜びは自分の喜び、幸せのためには自らが先に〝与える〟ことです。

この世の中に当たり前は存在しません。空気のような存在の人間もいません。必ず挨拶をしましょう。いつもお礼を言いましょう。素直にあやまりましょう。愛を伝えましょう。男と女がうまくいくコツは気づかいと思いやりを持ち続けることです。文句ではなく感謝の言葉を、欠点ではなく長所を探しましょう。それは相手のためであなたのためでもあるのです。

日々の生活で、清々しいことに縁するようにし、それらを見たり聞いたりしていると、表情が明るくハツラツとしてきます。そんなあなたを、パートナーはかけがえのない人だと改めて感じることでしょう。

一組の男女が最後まで添い遂げることができれば、それはいちばん幸せなことです。いつかお別れすることになっても、最後まで相手を敬愛できたならそれも素晴らしい関係だったと言えるのです。

〝幸せな人生〟とは、レディース＆ジェントルマンの小さな日常の結晶なのです。

正月の白波を見て老夫婦　桂　信子

2011年11月
紅葉の京都にて　ドミニック・ローホー

著者
Dominique Loreau
ドミニック・ローホー
著述業。フランスに生まれる。ソルボンヌ大学で修士号を取得し、
イギリスのソールズベリーグラマースクール、
アメリカのミズーリ州立大学、日本の仏教系大学で教鞭をとる。
アメリカと日本で学んだヨガ、禅寺での修行や墨絵の習得などをとおし、
日本の精神文化への理解を深める。
著書はフランスはもとよりヨーロッパ各国でベストセラーに。
『シンプルに生きる』『シンプルリスト』『シンプルに暮らす』など、
日本でもその著作は大きな支持を得ている。

訳者
赤松梨恵
あかまつ・りえ
1962年、北海道に生まれる。花園大学文学部卒業。
大学時代に禅と出合いその思想に大きな影響を受ける。
医療に従事するかたわら、著者との長年の交流をとおし、
本書の翻訳に携わることになった。

# Quality of Love

A simple reason to be loved

クオリティ オブ ラブ
愛《あい》されるシンプルな理《り》由《ゆう》

2011年11月28日　第1刷発行

著者
ドミニック・ローホー

訳者
赤松梨恵

発行者
鈴木 哲

発行所
株式会社講談社
東京都文京区音羽2-12-21 郵便番号112-8001
電話 編集03-5395-3532 販売03-5395-3622 業務03-5395-3615

印刷所
慶昌堂印刷株式会社

製本所
株式会社国宝社

落丁本・乱丁本は購入書店名を明記のうえ、小社業務部あてにお送りください。
送料小社負担にてお取り替えいたします。
なお、この本についてのお問い合わせは生活文化第三出版部あてにお願いいたします。

ISBN978-4-06-217393-3　定価はカバーに表示してあります。